M. Tulli Ciceronis actionis in C. Verrem secundae liber primus

Zweite Rede des M. Tullius Cicero gegen C. Verres

Erstes Buch

1(1)NEMINEM vestrum ignorare arbitror, iudices, hunc per hosce dies sermonem vulgi atque hanc opinionem populi Romani fuisse, C. Verrem altera actione responsurum non esse neque ad iudicium adfuturum. Quae fama non idcirco solum emanarat quod iste certe statuerat ac deliberaverat non adesse, verum etiam quod nemo quemquam tam audacem, tam amentem, tam impudentem fore arbitrabatur qui tam nefariis criminibus, tam multis testibus convictus ora iudicum aspicere aut os suum populo Romano ostendere auderet. (2) Est idem Verres qui fuit semper, ut ad audendum proiectus, sic paratus ad audiendum. Praesto est, respondet, defenditur; ne hoc quidem sibi reliqui facit ut, in rebus turpissimis cum manifesto teneatur, si reticeat et absit, tamen impudentiae suae pudentem exitum quaesisse videatur. Patior, iudices, et non moleste fero me laboris mei, vos virtutis vestrae fructum esse laturos. Nam si iste id fecisset quod prius statuerat, ut non adesset, minus aliquanto quam mihi opus esset cognosceretur quid ego in hac accusatione comparanda constituendaque elaborassem; vestra vero laus tenuis plane atque obscura, iudices, esset. (3) Neque enim hoc a vobis populus Romanus exspectat neque eo potest esse contentus, si condemnatus sit is qui adesse noluerit, et si fortes fueritis in eo quem nemo sit ausus defendere. Immo vero adsit, respondeat; summis opibus, summo studio potentissimorum hominum defendatur; certet mea diligentia cum illorum

1 (1) Keinem von euch, glaube ich, ihr Richter[1], ist unbekannt, daß während dieser letzten Tage unter den Leuten die Rede umging und das römische Volk der Meinung war, C. Verres werde sich in der zweiten Verhandlung nicht verantworten und nicht vor Gericht erscheinen. Dieses Gerücht hatte sich nicht nur deshalb verbreitet, weil sich Verres fest vorgenommen und entschieden hatte, nicht zu erscheinen, sondern auch, weil niemand glaubte, jemand werde so verwegen, so wahnsinnig, so unverschämt sein, daß er, so scheußlicher Vergehen durch so viele Zeugen überführt, es noch wagen würde, den Richtern in die Augen zu schauen oder dem römischen Volke seine Stirn zu bieten. (2) Doch noch ist Verres genau so, wie er immer gewesen, ebenso entschlossen, alles zu wagen, wie bereit, sich alles sagen zu lassen. Er ist zugegen; er verantwortet, er verteidigt sich; nicht einmal von der Möglichkeit macht er Gebrauch, obwohl er doch handgreiflich der schimpflichsten Dinge überführt ist, wenigstens den Eindruck zu erwecken, als habe er sich durch Schweigen und Wegbleiben für sein unanständiges Verhalten einen anständigen Abgang zu verschaffen versucht. Ich lasse es mir gefallen, ihr Richter, und ertrage es nicht ungern, daß *ich* für meine Mühe, *ihr* für eure feste Haltung den Lohn davontragt. Denn wenn er seinen früheren Entschluß, nicht zu erscheinen, ausgeführt hätte, so ließe sich weit weniger, als es in meinem Interesse liegt, erkennen, welche Mühe ich auf die Vorbereitung und Begründung dieser Anklage verwendet habe, und euer Verdienst, ihr Richter, bliebe erst recht mager und unbekannt. (3) Denn nicht das erwartet das römische Volk von euch, und nicht damit kann es zufrieden sein, daß jemand, der nicht hat erscheinen wollen, verurteilt wird und daß ihr unerschrocken seid bei einem, den niemand zu verteidigen gewagt hat. Nein, er stelle sich vielmehr, er antworte, er stütze seine Verteidigung auf den größten Einfluß, den größten Eifer der mächtigsten Männer; meine Gewissenhaf-

omnium cupiditate, vestra integritas cum illius pecunia, testium constantia cum illius patronorum minis atque potentia: tum demum illa omnia victa videbuntur cum in contentionem certamenque venerint. (4) Absens si esset iste damnatus, non tam sibi consuluisse quam invidisse vestrae laudi videretur. **2** Neque enim salus ulla rei publicae maior hoc tempore reperiri potest quam populum Romanum intellegere, diligenter reiectis ab accusatore iudicibus, socios, leges, rem publicam senatorio consilio maxime posse defendi; neque tanta fortunis omnium pernicies ulla potest accidere quam opinione populi Romani rationem veritatis, integritatis, fidei, religionis ab hoc ordine abiudicari. (5) Itaque mihi videor, iudices, magnam et maxime aegram et prope depositam rei publicae partem suscepisse, neque in eo magis meae quam vestrae laudi existimationique servisse. Accessi enim ad invidiam iudiciorum levandam vituperationemque tollendam, ut, cum haec res pro voluntate populi Romani esset iudicata, aliqua ex parte mea diligentia constituta auctoritas iudiciorum videretur, postremo ut esset hoc iudicatum, ut finis aliquando iudiciariae controversiae constitueretur. (6) Etenim sine dubio, iudices, in hac causa ea res in discrimen adducitur. Reus est enim nocentissimus; qui si condemnatur, desinent homines dicere his iudiciis pecuniam plurimum posse; sin absolvitur, desinemus nos de iudiciis transferendis recusare.

tigkeit soll mit ihrer aller Habsucht, eure Uneigennützigkeit mit dem Gelde des Verres, die feste Haltung der Zeugen mit den Drohungen und der Macht seiner Anwälte den Kampf aufnehmen: erst dann wird all das als überwunden angesehen werden können, wenn sie zur Auseinandersetzung und zum Kampf angetreten sind. (4) Wäre er in Abwesenheit verurteilt worden, würde man annehmen, daß er nicht so sehr für sich selbst gesorgt als euch euer Verdienst mißgönnt habe. **2** Denn einerseits kann man in dieser Zeit kein besseres Mittel für die Wohlfahrt des Staates finden, als daß das römische Volk erkennt, ein senatorisches Richterkollegium könne, wenn der Ankläger bei der Ablehnung der Richter sorgfältig verfährt, die Bundesgenossen, die Gesetze, das Gemeinwesen am besten schützen;[2] andererseits kann dem allgemeinen Wohl kein größerer Schaden widerfahren, als daß die Meinung des römischen Volkes diesem Stand jede Rücksichtnahme auf Wahrheit, Redlichkeit, Pflichttreue und Gewissenhaftigkeit abspricht. (5) Daher glaube ich, ihr Richter: ich habe mich eines bedeutenden und schwer kranken und fast schon aufgegebenen Gebietes der öffentlichen Angelegenheiten angenommen und dabei ebensoviel für euer Verdienst und Ansehen getan wie für das meine. Denn ich habe mich daran gemacht, den üblen Leumund der Gerichte zu beseitigen und die gegen sie gerichteten Vorwürfe auszurotten; wenn diese Sache nach dem Wunsche des römischen Volkes entschieden wird, dann soll man sagen, das Ansehen der Gerichte beruhe zu einem guten Teil auf meiner Umsicht; schließlich soll, wie dieser Fall auch immer entschieden werden mag, dem Streit um die Gerichtsbarkeit endlich ein Ende gesetzt werden. (6) Denn ohne Zweifel, ihr Richter: in diesem Prozeß wird auch über diese Angelegenheit entschieden. Der Angeklagte ist ja in höchstem Maße schuldig. Wird er verurteilt, werden die Leute aufhören zu sagen, daß in diesen Gerichten das Geld am meisten vermöge; wird er aber freigesprochen, so werden wir uns nicht länger widersetzen können, wenn man die Gerichte einem anderen Stand überträgt.

Tametsi de absolutione istius neque ipse iam sperat nec populus Romanus metuit: de impudentia singulari, quod adest, quod respondet, sunt qui mirentur. Mihi pro cetera eius audacia atque amentia ne hoc quidem mirandum videtur; multa enim et in deos et in homines impie nefarieque commisit, quorum scelerum poenis agitatur et a mente consilioque deducitur. **3** (7) Agunt eum praecipitem poenae civium Romanorum, quos partim securi percussit, partim in vinculis necavit, partim implorantis iura libertatis et civitatis in crucem sustulit. Rapiunt eum ad supplicium di patrii, quod iste inventus est qui e complexu parentum abreptos filios ad necem duceret, et parentis pretium pro sepultura liberum posceret. Religiones vero caerimoniaeque omnium sacrorum fanorumque violatae, simulacraque deorum, quae non modo ex suis templis ablata sunt sed etiam iacent in tenebris ab isto retrusa atque abdita, consistere eius animum sine furore atque amentia non sinunt. (8) Neque iste mihi videtur se ad damnationem solum offerre, neque hoc avaritiae supplicio communi, qui se tot sceleribus obstrinxerit, contentus esse: singularem quandam poenam istius immanis atque importuna natura desiderat. Non id solum quaeritur ut isto damnato bona restituantur iis quibus erepta sunt, sed et religiones deorum immortalium expiandae et civium Romanorum cruciatus multorumque innocentium sanguis istius supplicio luendus est. (9) Non enim furem sed ereptorem, non adulterum sed expugnatorem pudicitiae, non sacrilegum sed hostem sacrorum religionumque, non sicarium sed crudelissimum carnificem civium sociorumque in vestrum iudicium

Indes, auf seine Freisprechung hofft er schon selbst nicht mehr, noch fürchtet sie das römische Volk; nur über seine einmalige Unverschämtheit, daß er erscheint, daß er sich verantwortet, sind manche erstaunt. Mir erscheint bei seiner sonstigen Frechheit und Verrücktheit nicht einmal das erstaunlich. Denn er hat viele ruchlose und frevelhafte Taten gegen Götter und Menschen begangen, und die Rachegeister dieser Verbrechen hetzen ihn und bringen ihn um alle Besinnung und vernünftige Überlegung. **3** (7) Ihn treiben dem Abgrund zu die Rachegeister der römischen Bürger, die er teils mit dem Beil hinrichten, teils im Gefängnis töten, teils, obwohl sie sich auf ihre Freiheitsrechte als Staatsbürger beriefen, ans Kreuz schlagen ließ.[3] Ihn schleppen die Hausgötter zur Richtstätte, hat sich doch herausgestellt, daß er Söhne aus den Armen der Eltern gerissen und zum Tode geführt und von den Eltern Lösegeld für das Begräbnis ihrer Kinder verlangt hat.[4] Und auch die entweihten Gottesdienste und kultischen Feiern in allen Heiligtümern und geweihten Stätten und die Götterbilder, die nicht nur aus ihren Tempeln entwendet wurden,[5] sondern auch von ihm beiseite geschafft und versteckt in dunklen Ecken herumliegen, lassen seinen Geist nicht zur Ruhe kommen vor Raserei und Wahnsinn. (8) Dieser Mensch, der sich in so viele Verbrechen verstrickt hat, bietet sich, scheint mir, nicht nur zur Verurteilung an, noch hat er an der üblichen Strafe für Habgier genug: sein unmenschliches und rücksichtsloses Wesen erfordert eine ganz besondere Strafe. Es geht nicht nur darum, daß durch seine Verurteilung den Beraubten ihr Hab und Gut zurückerstattet wird, sondern durch seine Bestrafung müssen auch die heiligen Stätten der unsterblichen Götter entsühnt und die Qualen römischer Bürger und das Blut vieler Unschuldiger gesühnt werden. (9) Denn keinen Dieb, sondern einen Räuber, keinen Ehebrecher, sondern einen gewalttätigen Schänder der weiblichen Ehre, keinen Tempelräuber, sondern einen Feind der Heiligtümer und religiösen Gefühle, keinen Mörder, sondern den grausamen Henker der Bürger und Bundesgenossen haben wir vor euren Richterstuhl gebracht,

adduximus, ut ego hunc unum eius modi reum post hominum memoriam fuisse arbitrer cui damnari expediret.
4 Nam quis hoc non intellegit, istum absolutum dis hominibusque invitis tamen ex manibus populi Romani eripi nullo modo posse? Quis hoc non perspicit, praeclare nobiscum actum iri si populus Romanus istius unius supplicio contentus fuerit, ac non sic statuerit, non istum maius in sese scelus concepisse, – cum fana spoliarit, cum tot homines innocentis necarit, cum civis Romanos morte, cruciatu, cruce adfecerit, cum praedonum duces accepta pecunia dimiserit, – quam eos, si qui istum tot tantis tam nefariis sceleribus coopertum iurati sententia sua liberarint? (10) Non est, non est in hoc homine cuiquam peccandi locus, iudices; non is est reus, non id tempus, non id consilium, (metuo ne quid adrogantius apud talis viros videar dicere), ne actor quidem est is cui reus tam nocens, tam perditus, tam convictus aut occulte subripi aut impune eripi possit. His ego iudicibus non probabo C. Verrem contra leges pecuniam cepisse? Sustinebunt tales viri se tot senatoribus, tot equitibus Romanis, tot civitatibus, tot hominibus honestissimis ex tam inlustri provincia, tot populorum privatorumque litteris non credidisse, tantae populi Romani voluntati restitisse? (11) Sustineant: reperiemus, si istum vivum ad aliud iudicium perducere poterimus, quibus probemus istum in quaestura pecuniam publicam Cn. Carboni consuli datam avertisse, quibus persuadeamus istum

so daß dies, glaube ich, seit Menschengedenken der einzige Angeklagte ist, dem die Verurteilung noch Vorteil bringt.
4 Denn wer ist sich darüber nicht im klaren, daß Verres, angenommen, er würde gegen den Willen der Götter und Menschen freigesprochen, sich doch auf keine Weise den Händen des römischen Volkes entziehen könnte?[6] Wer ist sich dessen nicht bewußt, daß es vortrefflich mit uns steht, wenn das römische Volk mit der Bestrafung dieses einen zufrieden ist und nicht folgende Feststellung treffen muß: dieser Mensch, der Heiligtümer geplündert, der so viele unschuldige Menschen ermordet, der römische Bürger getötet, gefoltert, gekreuzigt, der Räuberhauptleute gegen Geld freigelassen hat,[7] habe kein größeres Verbrechen auf sich geladen als diejenigen, die ihn, den mit so vielen, so schweren und so scheußlichen Verbrechen Beladenen, als Geschworene mit ihrer Stimme freisprachen? (10) Es ist nicht möglich, ihr Richter, es ist nicht möglich, daß jemand bei einem Menschen wie diesem eine Freveltat begeht; nicht der Angeklagte, nicht der Zeitpunkt, nicht das Richterkollegium und – ich fürchte etwas zu anmaßend zu erscheinen, wenn ich es vor solchen Männern äußere – nicht einmal der Ankläger ist von der Art, daß ihm ein so schuldiger, so verkommener, so überführter Angeklagter heimlich entzogen oder durch Straffreiheit entrissen werden könnte. Diesen Richtern sollte ich nicht beweisen können, daß C. Verres gesetzwidrig Geld an sich gebracht hat? Werden solche Männer sich unterfangen, so vielen Senatoren, so vielen römischen Rittern, so vielen Gemeinden, so vielen hochangesehenen Leuten aus einer so berühmten Provinz, so vielen amtlichen und privaten Schreiben nicht zu glauben, sich einem so dringenden Wunsch des römischen Volkes zu widersetzen? (11) Angenommen, sie unterfangen sich, es zu tun: wir werden dann, wenn wir es schaffen, Verres lebend vor ein anderes Gericht zu ziehen, Richter finden, denen wir glaubhaft machen, daß er während seiner Quästur öffentliche Gelder unterschlagen hat,[8] die dem Konsul Cn. Carbo[9] bewilligt waren, die wir überzeugen, daß er sich unter falschem Vorwand von den städtischen

alieno nomine a quaestoribus urbanis, quod priore actione didicistis, pecuniam abstulisse; erunt qui et in eo quoque audaciam eius reprehendant, quod aliquot nominibus de capite quantum commodum fuerit frumenti decumani detraxerit; erunt etiam fortasse, iudices, qui illum eius peculatum vel acerrime vindicandum putent, quod iste M. Marcelli et P. Africani monumenta, quae nomine illorum, re vera populi Romani et erant et habebantur, ex fanis religiosissimis et ex urbibus sociorum atque amicorum non dubitarit auferre.
5 (12) Emerserit ex peculatus etiam iudicio: meditetur de ducibus hostium quos accepta pecunia liberavit, videat quid de illis respondeat quos in eorum locum subditos domi suae reservavit, quaerat non solum quem ad modum nostro crimini, verum etiam quo pacto suae confessioni possit mederi, meminerit se priore actione, clamore populi Romani infesto atque inimico excitatum, confessum esse duces praedonum a se securi non esse percussos, se iam tum esse veritum ne sibi crimini daretur eos ab se pecunia liberatos; fateatur, id quod negari non potest, se privatum hominem praedonum duces vivos atque incolumis domi suae, posteaquam Romam redierit, usque dum per me licuerit retinuisse. Hoc in illo maiestatis iudicio si licuisse sibi ostenderit, ego oportuisse concedam. Ex hoc quoque evaserit: proficiscar eo quo me iam pridem vocat populus Romanus; (13) de iure enim libertatis et civitatis suum putat esse iudicium, et recte putat. Confringat iste sane vi sua consilia senatoria, quaestiones omnium perrum-

Quästoren hat Geld aushändigen lassen, wie ihr schon in der ersten Verhandlung erfahren habt. Einige werden seine Frechheit auch in der Hinsicht mißbilligen, daß er unter verschiedenen Titeln von der Kaufsumme für das Zehntgetreide abzog, wieviel ihm genehm war.[10] Es wird vielleicht auch einige geben, ihr Richter, nach deren Meinung *die* Unterschlagung die allerschärfste Strafe verdient, daß er die Denkmäler des M. Marcellus und P. Africanus,[11] die dem Namen nach von diesen, in Wirklichkeit aber vom römischen Volke stammten und als solche galten, aus den ehrwürdigsten Heiligtümern und aus den Städten der Bundesgenossen und Freunde bedenkenlos raubte. **5** (12) Doch angenommen, er kann auch der Verurteilung wegen Unterschlagung entrinnen: dann denke er an die feindlichen Anführer, die er gegen Geld freiließ; er sehe zu, wie er sich wegen der Leute verantworten will, die er an ihrer Stelle untergeschoben und in seinem Hause zurückgehalten hat; er frage sich nicht nur, wie er gegen unseren Vorwurf, sondern auch auf welche Weise er gegen sein eigenes Geständnis ein Mittel finden kann; er erinnere sich daran, daß er in der vorigen Verhandlung, von dem drohenden und feindseligen Schreien des römischen Volkes aufgeschreckt, eingestand, er habe die Anführer der Räuber nicht mit dem Beil hinrichten lassen und schon damals befürchtet, man werde es ihm zum Vorwurf machen, daß er sie für Geld freigelassen habe; er gestehe, was sich ja auch gar nicht leugnen läßt, daß er, als er kein öffentliches Amt mehr bekleidete und schon nach Rom zurückgekehrt war, die Räuberhauptleute lebend und unversehrt in seinem Hause zurückgehalten hat, bis ich es ihm unmöglich machte.[12] Wenn er vor dem Gerichtshof für Staatsverbrechen zeigen kann, daß er dazu befugt gewesen sei, dann will ich zugeben, daß er es sogar tun mußte. Falls er auch dieser Anklage entkommt, so werde ich mich dorthin wenden, wohin mich das römische Volk schon lange ruft. (13) Denn über das Freiheits- und Bürgerrecht, glaubt es, komme ihm die Entscheidung zu, und es glaubt das zu Recht. Er mag meinetwegen mit seiner Gewalttätigkeit die senatorischen Gerichte sprengen, mag

pat, evolet ex vestra severitate: mihi credite, artioribus apud populum Romanum laqueis tenebitur. Credet his equitibus Romanis populus Romanus qui ad vos ante producti testes ipsis inspectantibus ab isto civem Romanum, qui cognitores homines honestos daret, sublatum esse in crucem dixerunt; (14) credent omnes V et XXX tribus homini gravissimo atque ornatissimo, M. Annio, qui se praesente civem Romanum securi percussum esse dixit; audietur a populo Romano vir primarius, eques Romanus, L. Flavius, qui suum familiarem Herennium, negotiatorem ex Africa, cum eum Syracusis amplius centum cives Romani cognoscerent lacrimantesque defenderent, pro testimonio dixit securi esse percussum; probabit fidem et auctoritatem et religionem suam L. Suettius, homo omnibus ornamentis praeditus, qui iuratus apud vos dixit multos civis Romanos in lautumiis istius imperio crudelissime per vim morte esse multatos. Hanc ego causam cum agam beneficio populi Romani de loco superiore, non vereor ne aut istum vis ulla ex populi Romani suffragiis eripere, aut a me ullum munus aedilitatis amplius aut gratius populo Romano esse possit.

6 (15) Quapropter omnes in hoc iudicio conentur omnia; nihil est iam quod in hac causa peccare quisquam, iudices, nisi vestro periculo possit. Mea quidem ratio cum in praeteritis rebus est cognita, tum in reliquis explorata atque provisa est. Ego meum studium in rem publicam iam illo tempore ostendi cum longo intervallo veterem consuetudinem rettuli, et rogatu sociorum atque amicorum populi Romani, meorum

sich durch alle Untersuchungen durchschlagen, eurer Strenge entkommen: glaubt mir, das römische Volk wird ihn mit engeren Schlingen festhalten. Das römische Volk wird den römischen Rittern glauben, die, euch vorhin als Zeugen vorgeführt, aussagten, Verres habe vor ihren eigenen Augen einen römischen Bürger ans Kreuz schlagen lassen, obwohl er ehrenwerte Männer als Bürgen anbot.[13] (14) Alle fünfunddreißig Bezirke[14] werden M. Annius, einem überaus charaktervollen und angesehenen Mann, Glauben schenken, der erklärt hat, in seiner Gegenwart sei ein römischer Bürger mit dem Beil hingerichtet worden.[15] Beim römischen Volke wird L. Flavius, ein vornehmer römischer Ritter, Gehör finden, der im Zeugenverhör ausgesagt hat, sein Freund Herennius, ein Geschäftsmann aus Afrika, sei mit dem Beil hingerichtet worden, obwohl ihn in Syrakus mehr als hundert römische Bürger kannten und unter Tränen zu schützen versuchten.[16] Auch L. Suettius, ein mit allen Vorzügen ausgestatteter Mann, wird mit seiner Aufrichtigkeit, seinem Ansehen und seiner Gewissenhaftigkeit Glauben finden; er hat unter Eid vor euch ausgesagt, daß viele römische Bürger in den Steinbrüchen[17] auf den Befehl des Verres aufs grausamste mit Gewalt zu Tode gemartert worden sind.[18] Da ich diese Sache dank des Wohlwollens des römischen Volkes von einer höheren Stelle aus führen darf, fürchte ich nicht, daß irgendeine Gewalttätigkeit Verres der Abstimmung des römischen Volkes entreißen oder daß das römische Volk von mir ein größeres oder willkommeneres Geschenk für mein Ädilenamt erhalten kann.[19]

6 (15) Daher mögen in diesem Gerichtsverfahren alle alles versuchen; in dieser Sache kann niemand mehr eine Freveltat begehen, ihr Richter, außer auf eure Gefahr. Meine Handlungsweise freilich ist nicht nur aus dem bisherigen Verlauf bekannt, sondern auch für die Zukunft ausgemacht und vorbedacht. Ich habe mein Verantwortungsgefühl gegenüber dem Staat schon damals gezeigt, als ich nach langer Unterbrechung die alte Gewohnheit wieder einführte und auf Bitten der Bundesgenossen und Freunde des römischen Volkes, die

autem necessariorum, nomen hominis audacissimi detuli. Quod meum factum lectissimi viri atque ornatissimi, quo in numero e vobis complures fuerunt, ita probaverunt ut ei qui istius quaestor fuisset, et ab isto laesus inimicitias iustas persequeretur, non modo deferendi nominis, sed ne subscribendi quidem, cum id postularet, facerent potestatem. (16) In Siciliam sum inquirendi causa profectus; quo in negotio industriam meam celeritas reditionis, diligentiam multitudo litterarum et testium declaravit, pudorem vero ac religionem quod, cum venissem senator ad socios populi Romani, qui in ea provincia quaestor fuissem, ad hospites meos ac necessarios causae communis defensor deverti potius quam ad eos qui a me auxilium petivissent. Nemini meus adventus labori aut sumptui neque publice neque privatim fuit: vim in inquirendo tantam habui quantam mihi lex dabat, non quantam habere poteram istorum studio quos iste vexarat. (17) Romam ut ex Sicilia redii, cum iste atque istius amici, homines lauti et urbani, sermones eius modi dissipassent, quo animos testium retardarent, me magna pecunia a vera accusatione esse deductum, tametsi probabatur nemini, quod et ex Sicilia testes erant ii qui quaestorem me in provincia cognoverant, et hinc homines maxime inlustres, qui, ut ipsi noti sunt, sic nostrum unum quemque optime norunt, tamen usque eo timui ne quis de mea fide atque integritate dubitaret donec ad reiciundos iudices venimus.

7 Sciebam in reiciundis iudicibus non nullos memoria nostra pactionis suspicionem non vitasse, cum in ipsa accusatione

mir zugleich eng verbunden sind, Anklage gegen den größten Schuft erhob.[20] Dieses mein Vorgehen haben die ausgezeichnetsten und angesehensten Männer, unter denen auch mehrere von euch waren, so beifällig aufgenommen, daß sie dem Mann, der Quästor des Verres gewesen war und, von ihm beleidigt, einer berechtigten Feindschaft nachgehen wollte, nicht die Möglichkeit gaben, Anklage zu erheben, ja nicht einmal, als Mitankläger aufzutreten, obwohl er es verlangte.[21] (16) Ich reiste nach Sizilien, um Beweismittel zu beschaffen. Bei diesem Unternehmen bewies die Schnelligkeit der Rückkehr[22] meinen Arbeitseifer, die Menge der Schriftstücke und Zeugen meine Sorgfalt; mein Taktgefühl aber und meine Gewissenhaftigkeit zeigten sich darin, daß ich, der Verteidiger der gemeinsamen Sache, lieber bei meinen Gastfreunden und Bekannten Quartier nahm als bei denen, die mich um Hilfe gebeten hatten, obwohl ich als Senator zu Bundesgenossen des römischen Volkes gekommen und in jener Provinz Quästor gewesen war.[23] Niemandem hat meine Ankunft Mühe oder Kosten bereitet, weder einer Gemeinde noch einer Privatperson. Gewalt habe ich bei meinen Nachforschungen nur soweit angewandt, wie das Gesetz sie mir gestattete, nicht, wie ich sie bei dem Eifer derer, die Verres gequält hatte, hätte anwenden können.[24] (17) Als ich aus Sizilien nach Rom zurückgekehrt war, da streuten, um den Mut der Zeugen zu lähmen, Verres und seine Freunde, saubere und feine Leute, das Gerücht aus, ich hätte mich durch einen hohen Geldbetrag von einer echten Anklage abbringen lassen. Das erschien zwar niemand glaubhaft, weil die Zeugen aus Sizilien mich als Quästor in ihrer Provinz kennengelernt hatten und die angesehensten Männer hier[25] einen jeden von uns genau so gut kennen, wie sie selbst bekannt sind. Dennoch befürchtete ich, man könne an meiner Pflichttreue und Redlichkeit zweifeln, so lange, bis wir zur Ablehnung der Richter kamen.

7 Ich wußte, daß noch in unserer Zeit einige Anwälte bei der Ablehnung von Richtern dem Verdacht heimlicher Abmachungen nicht entgangen sind, obwohl bei der Anklage selbst

eorum industria ac diligentia probaretur. (18) Ita reieci iudices ut hoc constet, post hunc statum rei publicae quo nunc utimur simili splendore et dignitate consilium nullum fuisse. Quam iste laudem communem sibi ait esse mecum; qui cum P. Galbam iudicem reiecisset, M. Lucretium retinuit, et cum eius patronus ex eo quaereret cur suos familiarissimos, Sex. Peducaeum, Q. Considium, Q. Iunium reici passus esset, respondit 'quod eos in iudicando nimium sui iuris sententiaeque cognosset'. (19) Itaque iudicibus reiectis sperabam iam onus meum vobiscum esse commune; putabam non solum notis sed etiam ignotis probatam meam fidem esse et diligentiam. Quod me non fefellit; nam comitiis meis, cum iste infinita largitione contra me uteretur, populus Romanus iudicavit istius pecuniam, quae apud me contra fidem meam nihil potuisset, apud se contra honorem meum nihil posse debere. Quo quidem die primum, iudices, citati in hunc reum consedistis, quis tam iniquus huic ordini fuit, quis tam novarum rerum iudiciorum iudicumque cupidus qui non aspectu consessuque vestro commoveretur? (20) Cum in eo vestra dignitas mihi fructum diligentiae referret, id sum adsecutus, ut una hora qua coepi dicere reo audaci, pecunioso, profuso, perdito spem iudici corrumpendi praeciderem; ut primo die testium tanto numero citato populus Romanus iudicaret isto absoluto rem publicam stare non posse; ut alter dies amicis istius ac defensoribus non modo spem victoriae sed etiam voluntatem defensionis auferret, ut tertius dies sic hominem prosterneret

ihre Tatkraft und Sorgfalt anerkannt wurde. (18) Bei der Richterablehnung verfuhr ich so, daß feststeht: seit Bestehen der gegenwärtigen Staatsverfassung[26] hat es kein Richterkollegium von gleichem Glanz und Ansehen gegeben. Verres erklärt, dieser Ruhm komme ihm genauso zu wie mir; aber obwohl er P. Galba als Richter verwarf, behielt er M. Lucretius bei, und als sein Anwalt ihn fragte, warum er seine engsten Freunde Sex. Peducaeus[27], Q. Considius und Q. Junius habe verwerfen lassen, antwortete er, weil er sie in ihrem Richteramt als allzu selbständig urteilend kennengelernt habe. (19) Ich hoffte daher nach der Richterablehnung, daß ihr nunmehr die Last mit mir teilen würdet. Ich glaubte, nicht nur Bekannten, sondern auch Unbekannten meine Pflichttreue und Sorgfalt bewiesen zu haben. Darin täuschte ich mich nicht. Denn als Verres in der Volksversammlung, in der es um meine Wahl ging, mit unermeßlichen Spenden gegen mich arbeitete, entschied das römische Volk, sein Geld, das bei mir nichts gegen meine Pflichttreue habe ausrichten können, dürfe auch bei ihm nichts gegen meine Wahl in das ehrenvolle Amt ausrichten.[28] An dem Tage jedenfalls, ihr Richter, an dem ihr zum ersten Mal einberufen wurdet und über diesen Angeklagten eine Sitzung abhieltet, wer war da so feindselig gegen unseren Stand gesonnen, wer so sehr auf Neuerungen in der Gerichtsbarkeit und bei der Bestellung der Richter versessen, daß der Anblick eurer Zusammenkunft keinen Eindruck auf ihn gemacht hätte? (20) Da euer Ansehen mir eben damit den Lohn für meine Gewissenhaftigkeit abstattete, habe ich es erreicht, daß ich in der einen Stunde,[29] in der ich zu sprechen begann, dem skrupellosen, steinreichen, verkommenen Angeklagten die Hoffnung, das Gericht zu bestechen, abschnitt; daß das römische Volk am ersten Tage,[30] nachdem eine so große Zahl von Zeugen aufgerufen worden war, meinte: wenn *er* freigesprochen werde, dann könne unser Staat nicht mehr länger bestehen; daß der zweite Tag seinen Freunden und Verteidigern nicht nur die Hoffnung auf den Sieg, sondern sogar die Lust nahm, ihn zu verteidigen; daß der dritte Tag den Menschen so umwarf, daß er

ut morbo simulato non quid responderet, sed quem ad modum non responderet, deliberaret. Deinde reliquis diebus his criminibus, his testibus, et urbanis et provincialibus, sic obrutus atque oppressus est ut his ludorum diebus interpositis nemo istum comperendinatum, sed condemnatum iudicaret.

8 (21) Quapropter ego quod ad me attinet, iudices, vici; non enim spolia C. Verris, sed existimationem populi Romani concupivi. Meum fuit cum causa accedere ad accusandum: quae causa fuit honestior, quam a tam inlustri provincia defensorem constitui et deligi? rei publicae consulere: quid tam e re publica quam in tanta invidia iudiciorum adducere hominem cuius damnatione totus ordo cum populo Romano et in laude et in gratia posset esse? ostendere ac persuadere hominem nocentem adductum esse: quis est in populo Romano qui hoc non ex priore actione abstulerit, omnium ante damnatorum scelera, furta, flagitia, si unum in locum conferantur, vix cum huius parva parte aequari conferrique posse? (22) Vos quod ad vestram famam existimationem salutemque communem pertinet, iudices, prospicite atque consulite: splendor vester facit ut peccare sine summo rei publicae detrimento ac periculo non possitis. Non enim potest sperare populus Romanus esse alios in senatu qui recte possint iudicare, vos si non potueritis: necesse est, cum de toto ordine desperarit, aliud genus hominum atque aliam rationem iudiciorum requirat. Hoc si vobis ideo levius videtur quod putatis

eine Krankheit vorschützte und nicht mehr überlegte, was er antworten solle, sondern wie er überhaupt nicht zu antworten brauche. Sodann wurde er an den übrigen Tagen durch die Beschuldigungen, durch die Zeugen aus der Stadt und der Provinz derart belastet und überwältigt, daß jeder meinte, durch die Unterbrechung infolge der Festspieltage[31] habe er keinen Aufschub gewonnen, sondern sei bereits verurteilt.
8 (21) Ich habe daher, soweit es auf mich ankommt, gesiegt, ihr Richter; denn das Ziel meiner Wünsche war nicht, Beute von C. Verres, sondern die Achtung des römischen Volkes zu erlangen.[32] Es war meine Aufgabe, mit gutem Grunde die Anklage zu übernehmen: welcher Grund aber war ehrenwerter als der, von einer so angesehenen Provinz als Verteidiger bestellt und gewählt zu werden? Es war meine Pflicht, für das Wohl des Staates zu sorgen: was war dem Gemeinwesen so dienlich als bei einem so schlechten Ruf der Gerichte einen Menschen vorzuführen, durch dessen Verurteilung der ganze Stand beim römischen Volke Lob und Ansehen gewinnen kann? Es war meine Pflicht, zu zeigen und überzeugend darzulegen, daß ein Schuldiger vorgeladen sei: wer im römischen Volke hätte es nicht schon aus der vorigen Verhandlung mitbekommen, daß sich die Verbrechen, Räubereien und Schandtaten aller früheren Verurteilten, wenn man sie auf einen Platz zusammentrüge, kaum mit einem kleinen Teil der von Verres begangenen auf eine Stufe stellen und vergleichen ließen? (22) Ihr solltet nun darauf euer Augenmerk richten und euch um das kümmern, ihr Richter, was euer Ruf, euer Ansehen und das Gemeinwohl erheischen. Eure glänzende Stellung gestattet euch nicht, einen Fehler zu begehen, ohne daß dem Staat daraus die größte Schädigung und Gefahr erwächst. Denn das römische Volk kann nicht hoffen, daß es im Senat noch andere gibt, die richtig Recht sprechen können, wenn ihr es nicht könnt; wenn es sich aber von dem ganzen Stand nichts mehr erhofft, so muß es sich nach einer anderen Klasse von Menschen und einer anderen Regelung der Rechtspflege umschauen.[33] Sollte euch dies deshalb nicht allzu schlimm erscheinen, weil ihr glaubt, die Rechtspre-

onus esse grave et incommodum iudicare, intellegere debetis primum interesse utrum id onus vosmet ipsi reieceritis, an, quod probare populo Romano fidem vestram et religionem non potueritis, eo vobis iudicandi potestas erepta sit; deinde etiam illud cogitare, quanto periculo venturi simus ad eos iudices quos propter odium nostri populus Romanus de nobis voluerit iudicare. (23) Verum vobis dicam id quod intellexi, iudices. Homines scitote esse quosdam quos tantum odium nostri ordinis teneat ut hoc palam iam dictitent, se istum, quem sciant esse hominem improbissimum, hoc uno nomine absolvi velle ut ab senatu iudicia per ignominiam turpitudinemque auferantur. Haec me pluribus verbis, iudices, vobiscum agere coegit non timor meus de vestra fide, sed spes illorum nova, quae cum Verrem a porta subito ad iudicium retraxisset, non nulli suspicati sunt non sine causa illius consilium tam repente esse mutatum.

9 (24) Nunc ne novo querimoniae genere uti possit Hortensius et ea dicere, opprimi reum de quo nihil dicat accusator, nihil esse tam periculosum fortunis innocentium quam tacere adversarios; et ne aliter quam ego velim meum laudet ingenium, cum dicat me, si multa dixissem, sublevaturum fuisse eum quem contra dicerem, quia non dixerim, perdidisse: morem illi geram, utar oratione perpetua, non quo iam hoc sit necesse, verum ut experiar utrum ille ferat molestius me tunc tacuisse an nunc dicere. (25) Hic tu fortasse eris diligens ne quam ego horam de meis legitimis horis remittam; nisi omni tempore quod mihi lege concessum est abusus ero, querere,

chung sei eine schwere und drückende Last, so müßt ihr zuerst begreifen, daß es nicht dasselbe ist, ob ihr diese Last selbst von euch werft oder ob man euch deshalb die richterliche Gewalt genommen hat, weil ihr dem römischen Volke eure Pflichttreue und Gewissenhaftigkeit nicht überzeugend dartun konntet. Ferner müßt ihr auch bedenken, mit welcher Gefahr es verbunden ist, vor Richtern zu erscheinen, die das römische Volk aus Haß gegen uns dazu bestimmt hat, über uns Recht zu sprechen. (23) Aber ich will euch noch etwas sagen, ihr Richter, was ich bemerkt habe. Ihr müßt wissen, es gibt gewisse Leute, die von einem solchen Haß gegen unseren Stand erfüllt sind, daß sie schon öffentlich erklären, sie wünschten sich Verres, der, wie sie wohl wüßten, der nichtswürdigste Mensch sei, nur deshalb freigesprochen, damit dem Senat unter Schimpf und Schande die Gerichte abgenommen würden. Mich hierüber ausführlicher vor euch auszulassen, ihr Richter, drängten mich nicht etwa meine Befürchtungen wegen eurer Pflichttreue, sondern die neuen Hoffnungen der Gegenpartei, die Verres plötzlich vom Stadttor zum Gericht zurückgeführt haben und bei einigen den Verdacht erweckten, jener habe nicht ohne Grund seinen Entschluß so plötzlich geändert.

9 (24) Jetzt soll Hortensius nicht eine neue Art von Beschwerde vorbringen und behaupten können, ein Angeklagter, über den der Ankläger nichts sage, müsse unterliegen; nichts sei für das Schicksal Unschuldiger so gefährlich wie das Schweigen der Gegner; und er soll nicht anders, als ich es wünsche, mein Redetalent loben, indem er sagt, ich würde dem Mann, gegen den ich spreche, geholfen haben, wenn ich ausführlich gesprochen, hätte ihn aber vernichtet, weil ich nicht gesprochen hätte.[34] Ich will ihm also den Gefallen tun; ich werde eine zusammenhängende Rede halten, nicht als ob das jetzt noch nötig wäre, sondern um zu erfahren, ob ihn mein damaliges Schweigen oder meine jetzige Rede mehr verdrießt. (25) Jetzt wirst du vielleicht genau aufpassen, daß ich von den mir gesetzlich zustehenden Stunden keine unbenutzt lasse; wenn ich nicht die ganze Zeit, die mir nach dem Gesetz

deum atque hominum fidem implorabis, circumveniri C. Verrem quod accusator nolit tam diu quam diu liceat dicere. Quod mihi lex mea causa dedit, eo mihi non uti non licebit? Nam accusandi mihi tempus mea causa datum est, ut possem oratione mea crimina causamque explicare: hoc si non utor, non tibi iniuriam facio, sed de meo iure aliquid et commodo detraho. 'Causam enim', inquit, 'cognosci oportet': ea re quidem quod aliter condemnari reus, quamvis sit nocens, non potest. Id igitur tu moleste tulisti, a me aliquid factum esse quo minus iste condemnari posset? nam causa cognita possunt multi absolvi, incognita quidem condemnari nemo potest. (26) 'Adimo enim comperendinatum': quod habet lex in se molestissimum, bis ut causa dicatur, – quod aut mea causa potius est constitutum quam tua, aut nihilo tua potius quam mea. Nam si bis dicere est commodum, certe utriusque commune est; si eum qui posterius dixit opus est redargui, accusatoris causa, ut bis ageretur, constitutum est. Verum, ut opinor, Glaucia primus tulit ut comperendinaretur reus; antea vel iudicari primo poterat vel amplius pronuntiari. Utram igitur putas legem molliorem? Opinor, illam veterem, qua vel cito absolvi vel tarde condemnari licebat. Ego tibi illam Aciliam legem restituo, qua lege multi semel accusati, semel dicta causa, semel auditis testibus condemnati sunt, nequaquam tam manifestis neque tantis criminibus quantis tu convinceris. Puta te non hac tam atroci, sed illa lege mitissima

zusteht, verbrauche, so wirst du dich beklagen, wirst Götter und Menschen zu Zeugen anrufen, C. Verres werde ausmanövriert, weil der Ankläger nicht so lange sprechen wolle, wie ihm gestattet sei. Mir soll nicht erlaubt sein, das nicht in Anspruch zu nehmen, was das Gesetz mir zu meinem Vorteil zugesteht? Denn die Zeit zur Anklage ist mir um meinetwillen eingeräumt worden, damit ich in meiner Rede die Anklagepunkte und den Sachverhalt darstellen kann. Wenn ich sie nicht in Anspruch nehme, so tue ich nicht dir Unrecht, sondern verschenke etwas von meinem Recht und Vorteil. »Aber die Sache muß ja doch«, sagt er, »untersucht werden.« Ja, und zwar deshalb, weil ein Angeklagter, er mag noch so schuldig sein, sonst nicht verurteilt werden kann. Das also konntest du nicht vertragen, daß ich etwas getan habe, was seine Verurteilung unmöglich machen könnte? Denn nach der Untersuchung des Falles können viele freigesprochen, ohne Untersuchung aber kann niemand verurteilt werden. (26) »Aber ich nehme ihm ja den zweiten Termin.«[35] Das Mühevollste, was das Gesetz enthält, die zweimalige Verhandlung, ist entweder mehr zu meinem als zu deinem Vorteil oder um nichts mehr zu deinem als zu meinem Vorteil festgesetzt. Denn wenn es ein Vorteil ist, zweimal zu sprechen, so trifft das bestimmt für uns beide in gleicher Weise zu; wenn der, der zuletzt gesprochen hat, widerlegt werden muß, so ist die zweimalige Verhandlung zum Vorteil des Anklägers festgesetzt.[36] Allein, wie ich glaube, war es Glaucia[37], der als erster beantragt hat, daß der Angeklagte einen zweiten Termin erhalten solle. Vorher konnte entweder gleich beim ersten Mal das Urteil gefällt oder die Entscheidung beliebig vertagt werden. Welches Gesetz hältst du nun für das mildere? Ich meine: das ältere, das einen schnellen Freispruch oder eine späte Verurteilung erlaubte. Ich stelle für dich das Acilische Gesetz[38] wieder her, nach dem viele nach einmaliger Anklage, einmaliger Verteidigung, einmaligem Zeugenverhör verurteilt worden sind, obwohl ihre Verbrechen keineswegs so mit der Hand zu greifen und nicht so schwer waren wie die, deren du überführt bist. Nimm an, du müßtest dich nicht nach diesem so stren-

causam dicere. Accusabo; respondebis; testibus editis ita mittam in consilium ut, etiamsi lex ampliandi faciat potestatem, tamen isti turpe sibi existiment non primo iudicare.

10 (27) Verum si causam cognosci opus est, parumne cognita est? Dissimulamus, Hortensi, quod saepe experti in dicendo sumus. Quis nos magnopere attendit umquam in hoc quidem genere causarum, ubi aliquid ereptum aut ablatum a quopiam dicitur? Nonne aut in tabulis aut in testibus omnis exspectatio iudicum est? Dixi prima actione me planum esse facturum C. Verrem HS quadringentiens contra leges abstulisse. Quid? hoc planius egissem, si ita narrassem? 'Dio quidam fuit Halaesinus, qui, cum eius filio praetore C. Sacerdote hereditas a propinquo permagna venisset, nihil habuit tum neque negoti neque controversiae. Verres simul ac tetigit provinciam, statim Messana litteras dedit, Dionem evocavit, calumniatores ex sinu suo adposuit qui illam hereditatem Veneri Erycinae commissam esse dicerent; hac de re ostendit se ipsum cogniturum.' (28) Possum deinceps totam rem explicare, deinde ad extremum id quod accidit dicere, Dionem HS deciens centena milia numerasse ut causam certissimam obtineret; praeterea greges equarum eius istum abigendos curasse, argenti, vestis stragulae quod fuerit curasse auferendum. Haec neque cum ego dicerem neque cum tu negares, magni momenti nostra esset oratio. Quo tempore igitur auris iudex erigeret animumque attenderet? Cum Dio ipse prodiret, cum ceteri qui tum in Sicilia negotiis Dionis interfuissent, cum per eos ipsos dies per quos causam Dio diceret reperiretur pecunias sumpsisse

gen,[39] sondern nach jenem äußerst milden Gesetz verantworten. Ich will anklagen; du wirst antworten; wenn die Zeugen beigebracht worden sind, werde ich es so zur Beratung kommen lassen, daß die Richter es für schimpflich halten, nicht gleich beim ersten Mal das Urteil zu fällen, wenn das Gesetz auch eine Vertagung zuläßt.

10 (27) Aber wenn es erforderlich ist, die Sache zu untersuchen: hat man sie denn noch nicht genug untersucht? Wir pflegen eine Erfahrung zu verschweigen, Hortensius, die wir schon oft bei unseren Plädoyers gemacht haben. Wer hat uns jemals große Aufmerksamkeit bei der Art von Prozessen geschenkt, wo es heißt, jemand habe etwas geraubt oder entwendet? Richtet sich nicht die ganze Erwartung der Richter auf die Urkunden oder Zeugen? Ich habe in der ersten Verhandlung erklärt, ich wolle beweisen, daß C. Verres sich vierzig Millionen Sesterzen gesetzwidrig angeeignet habe. Wie? Hätte ich das deutlicher dargetan, wenn ich folgendes[40] mitgeteilt hätte: »In Halaesa[41] gab es einen gewissen Dio; dieser hatte, als seinem Sohne unter der Prätur des C. Sacerdos[42] eine gewaltige Erbschaft von einem Verwandten zugefallen war, damals keine Schwierigkeit und keinen Streit. Kaum aber hatte Verres den Boden der Provinz betreten, sandte er sofort von Messana ein Schreiben ab, lud Dio vor, stellte aus dem Kreise seiner Busenfreunde verleumderische Ankläger auf, die behaupteten, jene Erbschaft sei der Venus von Eryx[43] verfallen; diese Sache, eröffnete er, wolle er selbst untersuchen.« (28) Ich könnte die ganze Sache in ihrem Verlauf darlegen und dann noch am Ende berichten, wie sie ausging: daß Dio eine Million Sesterzen bezahlte, um in einer ganz unzweifelhaften Sache sein Recht zu behaupten; daß Verres außerdem seine Stutenherden wegtreiben und ihm wegnehmen ließ, was er an Silber und Teppichen hatte. Wenn ich dies berichtete und du es leugnetest, so hätten weder meine noch deine Worte Gewicht. Wann würde denn der Richter die Ohren spitzen und aufmerken? Wenn Dio selbst aufträte und ebenso die übrigen, die damals in Sizilien an den Geschäften Dios beteiligt waren, wenn sich erwiese, daß Dio genau in

mutuas, nomina sua exegisse, praedia vendidisse; cum tabulae virorum bonorum proferrentur; cum qui pecuniam Dioni dederunt dicerent se iam tum audisse eos nummos sumi ut Verri darentur; cum amici, hospites, patroni Dionis, homines honestissimi, haec eadem se audisse dicerent. Opinor, cum haec fierent, tum vos audiretis, sicut audistis: (29) tum causa agi vere videretur. Sic a me sunt acta omnia priore actione ut in criminibus omnibus nullum esset in quo quisquam vestrum perpetuam accusationem requireret. Nego esse quicquam a testibus dictum quod aut vestrum cuipiam esset obscurum aut cuiusquam oratoris eloquentiam quaereret. **11** Etenim sic me ipsum egisse memoria tenetis ut in testibus interrogandis omnia crimina proponerem et explicarem, ut, cum rem totam in medio posuissem, tum denique testem interrogarem. Itaque non modo vos, quibus est iudicandum, nostra crimina tenetis, sed etiam populus Romanus totam accusationem causamque cognovit.

Tametsi ita de meo facto loquor quasi ego illud mea voluntate potius quam vestra iniuria adductus fecerim. (30) Interposuistis accusatorem qui, cum ego mihi C et X dies solos in Siciliam postulassem, C et VIII sibi in Achaiam postularet. Mensis mihi tris cum eripuissetis ad agendum maxime adpositos, reliquum omne tempus huius anni me vobis remissurum putastis, ut, cum horis nostris nos essemus usi, tu binis ludis interpositis quadragesimo post die responderes, deinde ita tempus duceretur ut a M'. Glabrione praetore et a magna parte horum iudicum ad praetorem alium iudicesque alios

den Tagen, da er seine Sache verfocht, Geld aufgenommen, seine Außenstände eingetrieben, Güter verkauft habe, wenn die Geschäftsbücher ehrenhafter Männer vorgelegt würden, wenn diejenigen, die Dio Geld gaben, aussagten, sie hätten schon damals gehört, diese Geldbeträge würden aufgenommen, um sie Verres zu geben, wenn die guten Bekannten, Gastfreunde und Sachwalter des Dio, sehr angesehene Leute, erklärten, sie hätten genau dasselbe gehört: (29) wenn dies geschähe, meine ich, dann würdet ihr zuhören, wie ihr zugehört habt, dann würde man glauben, die Sache werde ernstlich verhandelt. Ich habe in der ersten Verhandlung alles so behandelt, daß sich unter allen Anklagepunkten keiner fand, bei dem einer von euch eine zusammenhängende Anklagerede vermißt hätte. Ich behaupte, daß die Zeugen nichts gesagt haben, was jemandem von euch dunkel gewesen wäre oder die Sprachkunst eines Redners erforderte. **11** Denn ich selbst, ihr erinnert euch, bin so vorgegangen, daß ich bei der Befragung der Zeugen alle Anklagepunkte vorbrachte und erläuterte, daß ich erst dann einen Zeugen befragte, nachdem ich den ganzen Sachverhalt dargelegt hatte. Daher kennt nicht nur ihr, die ihr das Urteil fällen müßt, unsere Vorwürfe, sondern auch das römische Volk weiß über die ganze Anklage und Sache Bescheid.

Indes, ich spreche über meine Handlungsweise so, als ob mich dazu mehr mein eigener Wille als euer unrechtes Verhalten veranlaßt hätte. (30) Ihr habt einen Ankläger vorgeschoben, der sich hundertundacht Tage für Achaia erbat, während ich mir nur einhundertundzehn Tage für Sizilien erbeten hatte.[44] Nachdem ihr mir so drei Monate, die zum Verhandeln überaus geeignet waren, geraubt hattet, glaubtet ihr, ich würde euch die ganze übrige Zeit dieses Jahres erlassen; du brauchtest daher, wenn wir die uns zustehenden Stunden in Anspruch genommen hätten, wegen der beiden sich daran anschließenden Festspielzeiten erst vierzig Tage später zu antworten; die Zeit lasse sich dann so in die Länge ziehen, daß wir vom Prätor M.' Glabrio und von einem großen Teil der jetzigen Richter zu einem anderen Prätor und anderen Rich-

veniremus. (31) Hoc si ego non vidissem, si me non omnes noti ignotique monuissent id agi, id cogitari, in eo elaborari ut res in illud tempus reiceretur, credo, si meis horis in accusando uti voluissem, vererer ne mihi crimina non suppeterent, ne oratio deesset, ne vox viresque deficerent, ne, quem nemo prima actione defendere ausus esset, eum ego bis accusare non possem. Ego meum consilium cum iudicibus tum populo Romano probavi: nemo est qui alia ratione istorum iniuriae atque impudentiae potuisse obsisti arbitretur. Etenim qua stultitia fuissem, si, quam diem qui istum eripiendum redemerunt in cautione viderunt, – cum ita caverent, 'si post Kalendas Ianuarias in consilium iretur', – in eam diem ego, cum potuissem vitare, incidissem? (32) Nunc mihi temporis eius quod mihi ad dicendum datur, quoniam in animo est causam omnem exponere, habenda ratio est diligenter.

12 Itaque primum illum actum istius vitae turpissimum et flagitiosissimum praetermittam. Nihil a me de pueritiae suae flagitiis audiet, nihil ex illa impura adulescentia sua; quae qualis fuerit aut meministis, aut ex eo quem sui simillimum produxit recognoscere potestis. Omnia praeteribo quae mihi turpia dictu videbuntur, neque solum quid istum audire, verum etiam quid me deceat dicere considerabo. Vos, quaeso, date hoc et concedite pudori meo ut aliquam partem de istius impudentia reticere possim. (33) Omne illud tempus quod fuit antequam iste ad magistratus remque publicam accessit,

tern kämen.[45] (31) Hätte ich das nicht durchschaut, hätten mich nicht alle Bekannten und Unbekannten darauf hingewiesen, darum handle es sich, das sei beabsichtigt, darauf arbeite man hin, daß die Angelegenheit bis zu diesem Zeitpunkt zurückgestellt werde, ich glaube, wenn ich bei der Anklage die mir zustehenden Stunden hätte in Anspruch nehmen wollen, so hätte ich befürchten müssen, mir könnten nicht genug Vorwürfe zu Gebote stehen, es könnte mir an Worten fehlen, mir könnten Stimme und Kräfte versagen, ich könnte nicht imstande sein, *den* zweimal anzuklagen, den bei der ersten Verhandlung niemand zu verteidigen gewagt hat. Ich habe nicht nur die Richter, sondern auch das römische Volk von meinem Plan überzeugt. Es gibt niemanden, der der Meinung wäre, man hätte dem widerrechtlichen Vorgehen und der Unverschämtheit dieser Leute auf andere Weise entgegentreten können. Denn wie töricht wäre ich gewesen, wenn ich auf den Termin, den die Leute, die es für Geld übernommen haben, Verres der Anklage zu entreißen,[46] bei ihrer Vereinbarung ins Auge gefaßt haben, wobei sie abmachten: »Wenn man nach dem 1. Januar zur Beratung schreite ...« – wenn ich auf diesen Termin hereingefallen wäre, obwohl ich es vermeiden konnte! (32) Jetzt aber muß ich sorgfältig auf die Zeit achten, die mir zum Reden eingeräumt ist, da ich beabsichtige, die ganze Sache darzulegen.

12 Ich will daher den ersten Abschnitt seines Lebens, der von Schimpf und Schande überquillt, beiseitelassen. Nichts soll er von mir über die Schandtaten seiner Knabenzeit hören, nichts von seiner schmutzigen Jugend. Wie die beschaffen war, daran erinnert ihr euch noch, oder ihr könnt sie an dem wiedererkennen, den er als sein genaues Ebenbild erzeugt hat.[47] Ich will alles übergehen, was zu sagen mir unanständig erscheint, und nicht nur darauf bedacht sein, was sich für Verres zu hören, sondern auch, was sich für mich zu sagen schickt. Ihr aber, darum bitte ich euch, gewährt und gestattet meinem Schamgefühl, daß ich einen Teil seiner Schamlosigkeiten verschweigen darf. (33) Die ganze Zeit, die vor seinem Eintritt in Ämter und Politik liegt, möge von mir aus unbe-

habeat per me solutum ac liberum. Sileatur de nocturnis eius bacchationibus ac vigiliis; lenonum, aleatorum, perductorum nulla mentio fiat; damna, dedecora, quae res patris eius, aetas ipsius pertulit, praetereantur; lucretur indicia veteris infamiae; patiatur eius vita reliqua me hanc tantam iacturam criminum facere. (34) Quaestor Cn. Papirio consuli fuisti abhinc annos quattuordecim. Ex ea die ad hanc diem quae fecisti in iudicium voco: hora nulla vacua a furto, scelere, crudelitate, flagitio reperietur. Hi sunt anni consumpti in quaestura et legatione Asiatica et praetura urbana et praetura Siciliensi; quare haec eadem erit quadripertita distributio totius accusationis meae.

13 Quaestor ex senatus consulto provinciam sortitus es: obtigit tibi consularis, ut cum consule Cn. Carbone esses eamque provinciam obtineres. Erat tum dissensio civium, de qua nihil sum dicturus quid sentire debueris: unum hoc dico, in eius modi tempore ac sorte statuere te debuisse utrum malles sentire atque defendere. Carbo graviter ferebat sibi quaestorem obtigisse hominem singulari luxuria atque inertia; verum tamen ornabat eum beneficiis officiisque omnibus. Ne diutius teneam, pecunia attributa, numerata est: profectus est quaestor in provinciam: venit exspectatus in Galliam ad exercitum consularem cum pecunia. Simul ac primum ei occasio visa est, – cognoscite hominis principium magistratuum gerendorum et rei publicae administrandae, – aversa pecunia publica quaestor consulem, exercitum, sortem, provinciamque deseruit. (35) Video quid egerim: erigit se, sperat sibi

rücksichtigt und unberührt bleiben; schweigen will ich von seinen durchzechten und durchwachten Nächten; kein Wort soll über die Kuppler, Spieler und Zuhälter fallen; die Verluste und Entehrungen, die das Vermögen seines Vaters und sein eigenes Alter erlitten, seien übergangen; erspart sollen ihm bleiben die Hinweise auf seine frühere Schande: sein übriges Leben möge mir gestatten, auf so viele Anschuldigungen zu verzichten. (34) Du warst vor nunmehr vierzehn Jahren Quästor des Konsuls Cn. Papirius[48]. Was du von dem Tage an bis zum heutigen getan hast, das bringe ich vor Gericht: es wird sich keine Stunde finden, die frei ist von Diebstahl, Verbrechen, Grausamkeit, Schandtat. Diese Jahre verbrachtest du mit der Quästur, mit dem Legatenamt in Asien, mit der Stadtprätur und der Prätur in Sizilien[49]. Deshalb wird sich auch meine ganze Anklage in vier Abschnitte gliedern.

13 Als Quästor erhieltest du auf Senatsbeschluß durch das Los deinen Geschäftsbereich. Dir fiel der konsularische zu: du solltest als Adjutant den Konsul Cn. Carbo begleiten[50] und diesen Geschäftsbereich verwalten. Damals herrschte Zwist unter den Bürgern. Ich will nichts darüber sagen, welche Einstellung du dazu hättest haben sollen; ich sage nur das eine: in einer derartigen Zeit und in einem solchen Amt hättest du dich entscheiden müssen, welche Seite du wählen und unterstützen wolltest. Carbo war verärgert darüber, daß ihm ein Mensch von beispielloser Genußsucht und Trägheit als Quästor zugeteilt worden war; aber dennoch erwies er ihm jede erdenkliche Wohltat und Gefälligkeit. Um euch nicht länger hinzuhalten: das Geld wurde angewiesen und ausgezahlt; der Quästor reiste ab in seine Provinz; er kam mit dem Geld nach Gallien[51] zum Heer des Konsuls, wo man ihn schon erwartet hatte. Sobald sich ihm die erste Gelegenheit bot – beachtet den Anfang, den dieser Mensch mit der Führung von Ämtern und der Verwaltung staatlicher Aufgaben machte –, unterschlug er die öffentlichen Mittel, und er, der Quästor, verließ den Konsul, das Heer, das Amt[52] und die Provinz. (35) Ich sehe, was ich da angerichtet habe: er richtet

auram posse aliquam adflari in hoc crimine voluntatis adsensionisque eorum quibus Cn. Carbonis mortui nomen odio sit, quibus illam relictionem proditionemque consulis sui gratam sperat fore. Quasi vero id cupiditate defendendae nobilitatis aut studio partium fecerit, ac non apertissime consulem, exercitum, provinciamque compilarit et propter impudentissimum furtum aufugerit! est enim obscurum et eius modi factum eius ut possit aliquis suspicari C. Verrem, quod ferre novos homines non potuerit, ad nobilitatem, hoc est ad suos, transisse, nihil fecisse propter pecuniam! (36) Videamus rationes quem ad modum rettulerit: iam ipse ostendet quam ob rem Cn. Carbonem reliquerit, iam se ipse indicabit. **14** Primum brevitatem cognoscite: ACCEPI, inquit, VICIENS DUCENTA TRIGINTA QUINQUE MILIA QUADRINGENTOS DECEM ET SEPTEM NUMMOS. DEDI STIPENDIO, FRUMENTO, LEGATIS, PRO QUAESTORE, COHORTI PRAETORIAE HS MILLE SESCENTA TRIGINTA QUINQUE MILIA QUADRINGENTOS DECEM ET SEPTEM NUMMOS. RELIQUI ARIMINI HS SESCENTA MILIA. Hoc est rationes referre? hoc modo aut ego aut tu, Hortensi, aut quisquam omnium rettulit? Quid hoc est? quae impudentia, quae audacia? quod exemplum ex tot hominum rationibus relatis huiusce modi est? Illa tamen HS sescenta milia, quae ne falso quidem potuit quibus data essent describere, quae se Arimini scribit reliquisse, quae ipsa HS sescenta milia reliqua facta sunt, neque Carbo attigit neque Sulla vidit neque in aerarium relata sunt. Oppidum sibi elegit Ariminum, quod tum, cum iste rationes referebat, oppressum direptumque erat: non suspicabatur, id quod nunc sentiet, satis multos ex illa calamitate Ariminensium testis nobis in hanc rem reliquos esse. (37) Recita denuo. P. LENTULO L. TRIARIO QUAESTORIBUS

sich auf, er hofft, bei dieser Anschuldigung könne für ihn ein günstiger Wind wehen, der ihm das Wohlwollen und die Zustimmung derer bringt, denen der Name des verstorbenen Cn. Carbo verhaßt ist und denen daher, wie er hofft, der Treubruch und der Verrat an seinem Konsul sympathisch sein werde. Als ob er das aus dem Bestreben, den Adel zu verteidigen, oder aus Eifer für die Partei getan und nicht ganz offensichtlich den Konsul, das Heer und die Provinz beraubt und wegen des unverschämtesten Diebstahls Reißaus genommen hätte; sein Verhalten ist ja wohl unklar und derart, daß jemand vermuten könnte, C. Verres sei zum Adel, das heißt zu den Seinigen, übergelaufen, weil er die Emporkömmlinge nicht habe ertragen können; aber wegen des Geldes habe er nichts getan. (36) Wir wollen sehen, wie er Rechnung gelegt hat; sogleich wird er selbst zeigen, weshalb er Cn. Carbo verlassen hat, sogleich wird er sich selbst verraten. **14** Beachtet zuerst die Kürze: »Ich habe«, sagt er, »2 235 417 Sesterzen erhalten. Ich habe für Sold, für Getreide, für die Legaten, für den Proquästor, für die prätorische Kohorte[53] 1635417 Sesterzen ausgegeben; ich habe 600000 Sesterzen in Ariminum[54] zurückgelassen.« Heißt das Rechnung legen? Haben ich oder du, Hortensius, oder überhaupt jemand auf diese Weise abgerechnet? Was soll das? Was für eine Unverschämtheit, was für eine Frechheit? Wo gibt es unter so vielen Abrechnungen, die man auf der Welt vorgelegt hat, ein Beispiel dieser Art? Doch jene 600000 Sesterzen, über die er nicht einmal eine falsche Auskunft geben konnte, wem er sie gegeben, die er, wie er schreibt, in Ariminum zurückgelassen habe, eben die 600000 Sesterzen, die den Rest ausmachten, hat weder Carbo angerührt noch Sulla gesehen, noch sind sie an die Staatskasse zurückgegeben worden. Als Stadt wählte er sich Ariminum aus, das damals, als er seine Abrechnung vorlegte, bezwungen und geplündert war. Er konnte nicht ahnen, was er jetzt merken wird, daß ziemlich viele das Mißgeschick der Ariminier überstanden haben, die uns als Zeugen für diese Sache zur Verfügung stehen. (37) Lies weiter vor. – »Abrechnungen, die den Stadtquästoren P. Lentulus

URBANIS RES RATIONUM RELATARUM. Recita. EX SENATUS CONSULTO. Ut hoc pacto rationem referre liceret, eo Sullanus repente factus est, non ut honos et dignitas nobilitati restitueretur.

Quodsi illinc inanis profugisses, tamen ista tua fuga nefaria proditio consulis tui conscelerata iudicaretur. 'Malus civis, improbus consul, seditiosus homo Cn. Carbo fuit.' Fuerit aliis: tibi quando esse coepit? posteaquam tibi pecuniam, rem frumentariam, rationes omnis suas exercitumque commisit. Nam si tibi antea displicuisset, idem fecisses quod anno post M. Piso. Quaestor cum L. Scipioni consuli obtigisset, non attigit pecuniam, non ad exercitum profectus est; quod de re publica sensit, ita sensit ut nec fidem suam nec morem maiorum nec necessitudinem sortis laederet. **15** (38) Etenim si haec perturbare omnia ac permiscere volumus, totam vitam periculosam, invidiosam, infestamque reddemus, – si nullam religionem sors habebit, nullam societatem coniunctio secundae dubiaeque fortunae, nullam auctoritatem mores atque instituta maiorum. Omnium est communis inimicus qui fuit hostis suorum. Nemo umquam sapiens proditori credendum putavit. Ipse Sulla, cui adventus istius gratissimus esse debuit, ab se hominem atque ab exercitu suo removit: Beneventi esse iussit apud eos quos suis partibus amicissimos esse intellegebat, ubi iste summae rei causaeque nocere nihil posset. Ei postea praemia tamen liberaliter tribuit, bona quaedam proscriptorum in agro Beneventano diripienda concessit, habuit honorem ut proditori, non ut amico fidem. (39) Nunc quamvis sint homines qui mortuum Cn. Carbonem oderint, tamen

und L. Triarius[55] vorgelegt wurden ...« – Lies vor. – »Auf Senatsbeschluß ...« – Um auf diese Weise Rechnung legen zu dürfen, deshalb wurde er plötzlich Sullaner, nicht um Ehre und Würde des Adels wiederherzustellen.
Auch wenn du mit leeren Händen von dort übergewechselt wärest, so hätte man dennoch deine schändliche Flucht als einen frevelhaften Verrat an deinem Konsul angesehen. »Cn. Carbo war ein schlechter Bürger, ein gewissenloser Konsul, ein aufrührerischer Mensch.« Anderen mag er so vorgekommen sein, doch wann begann er dir so vorzukommen? Nachdem er dir das Geld, das Verpflegungswesen, alle seine Angelegenheiten und das Heer anvertraut hatte. Denn wenn er dir vorher mißfallen hätte, dann hättest du dasselbe getan wie ein Jahr später M. Piso[56]. Er war als Quästor dem Konsul L. Scipio[57] zugewiesen worden, rührte aber das Geld nicht an und begab sich nicht zum Heer. Seine politische Meinung bezeugte er so, daß er weder seine Ehrlichkeit noch den Brauch der Vorfahren noch die Verbindlichkeiten des erlosten Amtes verletzte. **15** (38) Denn wenn wir dies alles stören und durcheinanderbringen wollen, so werden wir das ganze Leben gefährlich, widerwärtig und unsicher machen, wenn das erloste Amt keine Verpflichtung, das Zusammenwirken in Glück und Unglück keine Verbundenheit, die Sitten und Einrichtungen der Vorfahren keine Achtung mehr bewirken. Der gemeinsame Widersacher aller ist, wer der Feind der Seinen war. Kein verständiger Mensch hat jemals geglaubt, man dürfe einem Verräter trauen. Selbst Sulla, dem die Ankunft dieses Burschen höchst willkommen sein mußte, hat ihn von sich und seinem Heere ferngehalten. Er befahl ihm, in Benevent[58] zu bleiben, bei denen, die er als die treuesten Anhänger seiner Partei kannte, wo jener der ganzen Sache und Partei keinen Schaden zufügen konnte. Dennoch hat er ihn später großzügig belohnt; er überließ ihm im Gebiet von Benevent einige Güter von Geächteten zur Plünderung;[59] er schenkte ihm einen Lohn wie einem Verräter, nicht wie einem Freund Vertrauen. (39) Mag es jetzt auch noch Leute geben, die den verstorbenen Cn. Carbo hassen, so sollten sie den-

hi debent non quid illi accidere voluerint, sed quid ipsis in tali re metuendum sit cogitare. Commune est hoc malum, communis metus, commune periculum. Nullae sunt occultiores insidiae quam eae quae latent in simulatione offici aut in aliquo necessitudinis nomine. Nam eum qui palam est adversarius facile cavendo vitare possis; hoc vero occultum intestinum ac domesticum malum non modo non exsistit, verum etiam opprimit antequam prospicere atque explorare potueris. (40) Itane vero? Tu cum quaestor ad exercitum missus sis, custos non solum pecuniae sed etiam consulis, particeps omnium rerum consiliorumque fueris, habitus sis in liberum loco, sicut mos maiorum ferebat, repente relinquas, deseras, ad adversarios transeas? O scelus, o portentum in ultimas terras exportandum! Non enim potest ea natura quae tantum facinus commiserit hoc uno scelere esse contenta: necesse est semper aliquid eius modi moliatur, necesse est in simili audacia perfidiaque versetur.

(41) Itaque idem iste, quem Cn. Dolabella postea C. Malleolo occiso pro quaestore habuit, – haud scio an maior etiam haec necessitudo fuerit quam illa Carbonis, ac plus iudicium voluntatis valere quam sortis debeat, – idem in Cn. Dolabellam qui in Cn. Carbonem fuit. Nam quae in ipsum valebant crimina contulit in illum, causamque illius omnem ad inimicos accusatoresque detulit; ipse in eum cui legatus, cui pro quaestore fuerat, inimicissimum atque improbissimum testimonium dixit. Ille miser cum esset Cn. Dolabella, – cum

noch nicht daran denken, was für ein Schicksal sie ihm damals wünschten, sondern was sie selbst in einer solchen Lage zu befürchten hätten. Allgemein ist dieses Übel, allgemein die Furcht, allgemein die Gefahr. Denn es gibt keine verborgenere Hinterhältigkeit als die, die sich unter dem Deckmantel der Dienstpflicht oder auch nur unter dem geringsten Schein einer engen Bindung versteckt. Denn dem, der mit offenem Visier kämpft, kann man leicht durch Achtsamkeit aus dem Wege gehen; aber dieses verborgene, innere und gleichsam im eigenen Hause befindliche Übel tritt nicht nur nicht ans Tageslicht, sondern überfällt einen schon, ehe man es nur in den Blick bekommen und ausmachen kann. (40) Kann es wirklich so etwas geben? Du wurdest als Quästor zum Heer geschickt, du warst der Hüter nicht nur des Geldes, sondern auch des Konsuls, nahmst an allen Angelegenheiten und Beratungen teil, du wurdest wie ein Kind gehalten, wie es die Sitte der Vorfahren mit sich brachte: da läßt du plötzlich alles im Stich, setzt dich ab und gehst zu den Gegnern über? Was für ein Schurke, was für ein Scheusal, das es verdiente, ans Ende der Welt geschafft zu werden! Denn ein Charakter, der eine solche Schandtat begangen hat, kann sich nicht mit diesem einen Verbrechen zufrieden geben. Notwendigerweise muß er sich immer etwas Derartiges zum Ziel setzen, notwendigerweise sich in ähnliche Frechheiten und Treulosigkeiten verwickeln.

(41) Und so hat sich denn auch dieser Mensch, den später, nach der Ermordung des C. Malleolus, Cn. Dolabella[60] als Proquästor hatte – vielleicht war das freundschaftliche Verhältnis mit ihm noch enger als das mit Carbo, und die Entscheidung der freien Wahl muß wohl stärker ins Gewicht fallen als die des Loses: so hat er sich denn auch gegen Cn. Dolabella ebenso verhalten wie gegen Cn. Carbo. Denn er hat die Anschuldigungen, die sich gegen ihn selbst richteten, auf Dolabella abgeschoben und dessen ganze Lage den Feinden und Anklägern hinterbracht. Er machte sogar gegen den, dessen Legat, dessen Proquästor er gewesen war, eine höchst feindselige und böswillige Zeugenaussage. Wenn Cn. Dola-

proditione istius nefaria, tum improbo ac falso eiusdem testimonio, – tum multo ex maxima parte istius furtorum ac flagitiorum invidia conflagravit. **16** (42) Quid hoc homine faciatis aut ad quam spem tam perfidiosum, tam importunum animal reservetis? qui in Cn. Carbone sortem, in Cn. Dolabella voluntatem neglexerit ac violarit, eosque ambo non modo deseruerit sed etiam prodiderit atque oppugnarit. Nolite, quaeso, iudices, brevitate orationis meae potius quam rerum ipsarum magnitudine crimina ponderare; mihi enim properandum necessario est, ut omnia vobis quae mihi constituta sunt possim exponere. (43) Quam ob rem quaestura istius demonstrata primique magistratus et furto et scelere perspecto, reliqua attendite. In quibus illud tempus Sullanarum proscriptionum ac rapinarum praetermittam; neque ego istum sibi ex communi calamitate defensionem ullam sinam sumere, suis eum certis propriisque criminibus accusabo. Quam ob rem hoc omni tempore Sullano ex accusatione circumscripto legationem eius praeclaram cognoscite.

17 (44) Posteaquam Cn. Dolabellae provincia Cilicia constituta est, o di immortales, quanta iste cupiditate, quibus adlegationibus illam sibi legationem expugnavit! id quod Cn. Dolabellae principium maximae calamitatis fuit. Nam ut est profectus, quacumque iter fecit, eius modi fuit, non ut legatus populi Romani, sed ut quaedam calamitas pervadere videretur. In Achaia – praetermittam minora omnia, quorum simile forsitan alius quoque aliquid aliquando fecerit; nihil dicam nisi singulare, nisi id quod, si in alium reum diceretur, incre-

bella auch so schon übel daran war, wurde er doch teils durch den frevelhaften Verrat des Verres, teils durch die böswillige und falsche Zeugenaussage desselben Mannes, teils und weitaus am meisten durch die Erbitterung über dessen Räubereien und Schandtaten erledigt. **16** (42) Was wollt ihr mit diesem Menschen machen oder für welche mögliche Verwendung wollt ihr ein so treuloses, so rücksichtsloses Untier aufsparen? Er hat bei Cn. Carbo das Los, bei Cn. Dolabella die freie Wahl mißachtet und verletzt und sie beide nicht nur im Stich gelassen, sondern sogar verraten und bekämpft. Ich bitte euch, ihr Richter: wägt die Vorwürfe nicht nach der Kürze meiner Rede als vielmehr nach der Schwere der Vorfälle selbst. Denn ich muß mich notwendigerweise beeilen, um euch alles, was ich mir vorgenommen habe, auseinandersetzen zu können. (43) Seine Quästur habe ich euch geschildert und Raub und Verbrechen seines ersten Amtes habt ihr genau kennengelernt: so richtet eure Aufmerksamkeit denn auf das übrige. Hierbei will ich die Zeit der sullanischen Ächtungen und Plünderungen beiseite lassen; ich will ihm nicht erlauben, aus dem allgemeinen Unglück irgendwelche Argumente zu seiner Verteidigung zu gewinnen; ich werde ihn nur mit Vorwürfen anklagen, die unbestritten auf sein Konto gehen. Deshalb schließe ich die ganze sullanische Zeit aus meiner Anklage aus; vernehmt nun von seinem trefflichen Legatenamt.

17 (44) Nachdem Cn. Dolabella die Provinz Kilikien zugewiesen war, bei den unsterblichen Göttern, mit welcher Gier, mit welchen Fürsprachen eroberte er sich dieses Legatenamt![61] Das war für Cn. Dolabella der Anfang des größten Unglücks. Denn sobald Verres die Reise angetreten hatte, benahm er sich überall, wohin ihn die Reise führte, derart, daß nicht ein Legat des römischen Volkes, sondern gleichsam ein Unwetter durchzuziehen schien. In Achaia – ich will alles weniger Bedeutende beiseite lassen, wie es vielleicht in ähnlicher Weise auch ein anderer einmal getan hat; ich will nur einmalige Vorfälle vorbringen, nur, was man als unglaublich ansähe, wenn es gegen einen anderen Angeklagten vorge-

dibile videretur – magistratum Sicyonium nummos poposcit. Ne sit hoc crimen in Verrem: fecerunt alii. Cum ille non daret, animadvertit: improbum, sed non inauditum. (45) Genus animadversionis videte: quaeretis ex quo genere hominem istum iudicetis. Ignem ex lignis viridibus atque umidis in loco angusto fieri iussit: ibi hominem ingenuum, domi nobilem, populi Romani socium atque amicum, fumo excruciatum semivivum reliquit. Iam quae iste signa, quas tabulas pictas ex Achaia sustulerit, non dicam hoc loco: est mihi alius locus ad hanc eius cupiditatem demonstrandam separatus. Athenis audistis ex aede Minervae grande auri pondus ablatum; dictum est hoc in Cn. Dolabellae iudicio. Dictum? etiam aestimatum. Huius consili non participem C. Verrem, sed principem fuisse reperietis.
(46) Delum venit. Ibi ex fano Apollinis religiosissimo noctu clam sustulit signa pulcherrima atque antiquissima, eaque in onerariam navem suam conicienda curavit. Postridie cum fanum spoliatum viderent ii qui Delum incolebant, graviter ferebant; est enim tanta apud eos eius fani religio atque antiquitas ut in eo loco ipsum Apollinem natum esse arbitrentur. Verbum tamen facere non audebant, ne forte ea res ad Dolabellam ipsum pertineret. **18** Tum subito tempestates coortae sunt maximae, iudices, ut non modo proficisci cum cuperet Dolabella non posset, sed vix in oppido consisteret: ita magni fluctus eiciebantur. Hic navis illa praedonis istius, onusta signis religiosis, expulsa atque eiecta fluctu frangitur; in litore

bracht würde – verlangte er von einem Beamten in Sikyon[62] Geld. Dies soll kein Vorwurf gegen Verres sein: das haben auch andere getan. Als der es ihm nicht gab, bestrafte er ihn. Das ist schlecht, aber nicht unerhört. (45) Doch beachtet die Art der Bestrafung: ihr werdet euch dann fragen müssen, zu welcher Sorte von Menschen ihr ihn rechnen sollt. Er ließ in einem engen Raum aus grünem und feuchtem Holz ein Feuer machen. Dort setzte er den freigeborenen, in seiner Heimat angesehenen Mann, einen Bundesgenossen und Freund des römischen Volkes durch den Rauch Folterqualen aus und ließ ihn halbtot zurück. Was er ferner an Statuen, was an Gemälden aus Achaia weggeschafft hat, will ich an dieser Stelle nicht schildern; ich habe mir eine andere Stelle[63] vorbehalten, diese Leidenschaft von ihm zu schildern. Ihr habt gehört, daß in Athen aus dem Tempel der Minerva[64] eine große Menge Goldes verschwand; das hat man in dem Prozeß gegen Cn. Dolabella geäußert. Nur geäußert? Man hat auch den Wert geschätzt. Ihr werdet herausfinden, daß C. Verres an diesem Bubenstreich nicht nur teilgenommen hat, sondern der Rädelsführer war.

(46) Er kam nach Delos[65]. Dort entwendete er aus dem hochheiligen Tempel des Apollo nachts heimlich die schönsten und ältesten Statuen und ließ sie auf sein Lastschiff verladen. Als die Bewohner von Delos am nächsten Tage ihr Heiligtum geplündert sahen, waren sie erbittert; denn für sie ist dieser Tempel von solcher Heiligkeit und solch ehrwürdigem Alter, daß sie glauben, dort sei Apollo selbst geboren. Dennoch wagten sie kein Wort zu äußern, in der Befürchtung, möglicherweise habe Dolabella selbst mit dieser Sache zu tun.
18 Da erhoben sich plötzlich heftige Stürme, ihr Richter, so daß Dolabella, so sehr er es auch wünschte, nicht abreisen, ja kaum in der Stadt sich aufhalten konnte, »so gewaltige Wogen türmten sich auf«.[66] Da zerbricht das Schiff dieses Räubers, das mit den heiligen Statuen beladen war; die Flut hatte es abgetrieben und an den Strand geworfen. Am Ufer findet man die Statuen Apolls; auf Befehl Dolabellas werden

signa illa Apollinis reperiuntur; iussu Dolabellae reponuntur. Tempestas sedatur, Dolabella Delo proficiscitur.
(47) Non dubito quin, tametsi nullus in te sensus humanitatis, nulla ratio umquam fuit religionis, nunc tamen in metu periculoque tuo tuorum tibi scelerum veniat in mentem. Potestne tibi ulla spes salutis commoda ostendi, cum recordaris in deos immortalis quam impius, quam sceleratus, quam nefarius fueris? Apollinemne tu Delium spoliare ausus es? Illine tu templo tam antiquo, tam sancto, tam religioso manus impias ac sacrilegas adferre conatus es? Si in pueritia non iis artibus ac disciplinis institutus eras ut ea quae litteris mandata sunt disceres atque cognosceres, ne postea quidem, cum in ea ipsa loca venisti, potuisti accipere id quod est proditum memoria ac litteris, (48) Latonam ex longo errore et fuga gravidam et iam ad pariendum temporibus exactis confugisse Delum atque ibi Apollinem Dianamque peperisse? qua ex opinione hominum illa insula eorum deorum sacra putatur, tantaque eius auctoritas religionis et est et semper fuit ut ne Persae quidem, cum bellum toti Graeciae, dis hominibusque, indixissent, et mille numero navium classem ad Delum adpulissent, quicquam conarentur aut violare aut attingere. Hoc tu fanum depopulari, homo improbissime atque amentissime, audebas? Fuit ulla cupiditas tanta quae tantam exstingueret religionem? Et si tum haec non cogitabas, ne nunc quidem recordaris nullum esse tantum malum quod non tibi pro sceleribus tuis iam diu debeatur?
19 (49) In Asiam vero postquam venit, quid ego adventus istius prandia, cenas, equos muneraque commemorem? Nihil

sie an ihren Ort zurückgebracht. Der Sturm legt sich, Dolabella reist von Delos ab.
(47) Wenn du auch niemals ein Gefühl für Menschlichkeit, niemals auch nur die geringste Achtung vor dem Heiligen gehabt hast, so zweifle ich doch nicht, daß dir jetzt, in deiner Angst und Gefahr, deine Verbrechen in den Sinn kommen. Kann sich dir jetzt irgendeine günstige Aussicht auf Rettung zeigen, wenn du dich daran erinnerst, wie unehrerbietig, wie verbrecherisch, wie frevelhaft du dich gegen die unsterblichen Götter benommen hast? Du wagtest es, den delischen Apollo zu berauben? Du versuchtest, mit deinen gottlosen und räuberischen Händen einen so alten, so heiligen, so ehrwürdigen Tempel anzutasten? Wenn du schon in deiner Jugend nicht in *den* Künsten und Wissenschaften unterwiesen wurdest, so daß du das, was in den Schriften aufgezeichnet ist,[67] lernen und dir zu eigen machen konntest, war es dir da nicht einmal später, als du in eben diese Gegend kamst, möglich, zu erfahren, was in der Erinnerung und den Schriften überliefert ist: (48) daß Latona nach langem Umherirren und Fliehen, als sie schwanger und die Zeit des Gebärens schon gekommen war, sich nach Delos geflüchtet und dort Apollo und Diana geboren habe? Wegen dieser allgemein verbreiteten Ansicht hält man die Insel für eine heilige Stätte dieser Gottheiten, und dieser religiöse Glaube ist und war immer so stark, daß nicht einmal die Perser, als sie ganz Griechenland, den Göttern und Menschen den Krieg erklärt hatten und mit einer Flotte von tausend Schiffen bei Delos landeten, etwas zu verletzen oder anzurühren wagten. Diesen Tempel auszurauben, hattest du die Dreistigkeit, du gewissenlosester und wahnsinnigster Mensch? War je eine Begierde groß genug, eine so große Scheu zu überwinden? Und wenn du dir auch damals keine Gedanken darüber gemacht hast: kommt dir nicht einmal jetzt der Gedanke, daß kein Übel groß genug ist, das du nicht schon längst für deine Verbrechen verdient hättest?
19 (49) Als er aber nach Asien kam,[68] was soll ich seine dortigen Auftritte erwähnen, die Mahlzeiten und Gelage, die

cum Verre de cotidianis criminibus acturus sum: Chio per vim signa pulcherrima dico abstulisse, item Erythris et Halicarnasso. Tenedo – praetereo pecuniam quam eripuit – Tenem ipsum, qui apud Tenedios sanctissimus deus habetur, qui urbem illam dicitur condidisse, cuius ex nomine Tenedus nominatur, hunc ipsum, inquam, Tenem pulcherrime factum, quem quondam in comitio vidistis, abstulit magno cum gemitu civitatis. (50) Illa vero expugnatio fani antiquissimi et nobilissimi Iunonis Samiae quam luctuosa Samiis fuit, quam acerba toti Asiae, quam clara apud omnis, quam nemini vestrum inaudita! de qua expugnatione cum legati ad C. Neronem in Asiam Samo venissent, responsum tulerunt eius modi querimonias, quae ad legatos populi Romani pertinerent, non ad praetorem sed Romam deferri oportere. Quas iste tabulas illinc, quae signa sustulit! quae cognovi egomet apud istum in aedibus nuper, cum obsignandi gratia venissem. (51) Quae signa nunc, Verres, ubi sunt? illa quaero quae apud te nuper ad omnis columnas, omnibus etiam intercolumniis, in silva denique disposita sub divo vidimus. Cur ea, quam diu alium praetorem cum iis iudicibus quos in horum locum subsortitus esses de te in consilium iturum putasti, tam diu domi fuerunt: posteaquam nostris testibus nos quam horis uti malle vidisti, nullum signum domi reliquisti praeter duo quae in mediis aedibus sunt, quae ipsa Samo sublata sunt? Non putasti me tuis familiarissimis in hanc rem testimonia denuntiaturum, qui tuae domi semper fuissent, ex quibus quaererem, signa scirentne fuisse quae non essent?

Pferde und Geschenke? Ich will nicht wegen alltäglicher Verfehlungen mit Verres ins Gericht gehen. Doch daß er von Chios mit Gewalt die schönsten Statuen entwendet hat, das bringe ich zur Sprache; ebenso von Erythrai[69] und Halikarnaß[70]. Von Tenedos[71] aber – ich übergehe das Geld, das er dort raubte – hat er den Tenes selbst, der bei den Tenediern als die heiligste Gottheit gilt, der jene Stadt gegründet haben soll, nach dessen Namen Tenedos benannt ist – eben diesen Tenes, sage ich, eine sehr schöne Arbeit, die ihr einst auf dem Comitium[72] gesehen habt, hat er unter dem lauten Wehklagen der Einwohner mitgenommen. (50) Doch jener Raubüberfall auf das uralte und hochangesehene Heiligtum der samischen Juno, wie bejammernswert war er für die Samier, wie bitter für ganz Asien, wie berüchtigt bei allen, wie jedem von euch nur zu gut bekannt! Als wegen dieses Raubüberfalls Gesandte von Samos zu C. Nero nach Asien kamen, erhielten sie die Antwort, derartige Beschwerden, die Legaten des römischen Volkes beträfen, müßten nicht beim Prätor, sondern in Rom vorgebracht werden.[73] Was für Gemälde, was für Statuen hat er von dort mitgenommen! Ich habe sie noch unlängst bei ihm in seinem Hause gesehen, als ich dorthin kam, um die Siegel anzubringen.[74] (51) Diese Statuen, Verres, wo sind sie jetzt? Ich frage nach denen, die wir noch vor kurzem bei dir an allen Säulen, ferner in allen Räumen zwischen den Säulen und sogar in deinem Park unter freiem Himmel aufgestellt sahen. Warum sind sie nur so lange in deinem Hause geblieben, wie du glaubtest, ein anderer Prätor werde zusammen mit den Richtern, die du anstelle der jetzigen durch das Los zu erlangen hofftest, über dich zu Gericht sitzen; als du jedoch sahst, daß wir lieber unsere Zeugen als unsere Stunden benutzen wollten, warum hast du da keine Statue in deinem Hause gelassen außer zweien, die mitten im Hause stehen, die du ebenfalls aus Samos mitgenommen hast? Glaubtest du denn nicht, daß ich von deinen engsten Freunden, die immer in deinem Hause waren, Zeugenaussagen hierüber verlangen, daß ich sie fragen würde, ob sie wüßten, daß die Statuen da gewesen, die jetzt nicht mehr da seien?

20 (52) Quid tum hos de te iudicaturos arbitratus es, cum viderent te iam non contra accusatorem tuum, sed contra quaestorem sectoremque pugnare? Qua de re Charidemum Chium testimonium priore actione dicere audistis, sese, cum esset trierarchus et Verrem ex Asia decedentem prosequeretur iussu Dolabellae, fuisse una cum isto Sami, seseque tum scire spoliatum esse fanum Iunonis et oppidum Samum; posteaque se causam apud Chios civis suos Samiis accusantibus publice dixisse, eoque se esse absolutum quod planum fecisset ea quae legati Samiorum dicerent ad Verrem, non ad se pertinere.
(53) Aspendum vetus oppidum et nobile in Pamphylia scitis esse, plenissimum signorum optimorum. Non dicam illinc hoc signum ablatum esse et illud: hoc dico, nullum te Aspendi signum, Verres, reliquisse, omnia ex fanis, ex locis publicis, palam, spectantibus omnibus, plaustris evecta exportataque esse. Atque etiam illum Aspendium citharistam, de quo saepe audistis id quod est Graecis hominibus in proverbio, quem omnia 'intus canere' dicebant, sustulit et in intimis suis aedibus posuit, ut etiam illum ipsum suo artificio superasse videatur. (54) Pergae fanum antiquissimum et sanctissimum Dianae scimus esse: id quoque a te nudatum ac spoliatum esse, ex ipsa Diana quod habebat auri detractum atque ablatum esse dico.
Quae, malum, est ista tanta audacia atque amentia! Quas enim sociorum atque amicorum urbis adisti legationis iure et nomine, si in eas vi cum exercitu imperioque invasisses, tamen, opinor, quae signa atque ornamenta ex iis ur-

20 (52) Welches Urteil, meintest du damals, würden wohl diese hier über dich fällen, wenn sie sähen, daß du nicht mehr gegen deinen Ankläger, sondern gegen den Quästor und den Aufkäufer kämpfst?[75] Ihr habt hierüber in der vorigen Verhandlung die Zeugenaussage des Charidemus aus Chios gehört: er sei Kommandant eines Dreiruderers gewesen und habe auf Befehl Dolabellas Verres bei seiner Abreise aus Asien begleitet; er sei zusammen mit Verres in Samos gewesen und wisse, daß damals das Heiligtum der Juno und die Stadt Samos geplündert worden seien; er habe sich später bei den Chiern, seinen Mitbürgern, öffentlich verantworten müssen, weil die Samier ihn angeklagt hätten, und er sei deshalb freigesprochen worden, weil er nachgewiesen habe, daß das, was die Samier vorbrachten, auf Verres, nicht auf ihn zuträfe.

(53) Aspendos ist, wie ihr wißt, eine alte und berühmte Stadt in Pamphylien[76], übervoll der vorzüglichsten Statuen. Ich will nicht behaupten, von dort sei diese oder jene Statue abhanden gekommen; ich behaupte vielmehr: du hast keine Statue in Aspendos zurückgelassen, Verres; sie sind alle ganz offen und vor aller Augen aus den Heiligtümern und von den öffentlichen Plätzen auf Wagen abgefahren und fortgeschafft worden. Und er hat sogar jenen aspendischen Zitherspieler, von dem ihr oft das bei den Griechen übliche Sprichwort gehört habt (er spiele alles nach innen, sagten sie), mitgenommen und im innersten Teil seines Hauses aufgestellt, so daß er sogar ihn mit seiner Kunst übertroffen zu haben scheint.[77]

(54) In Perge[78] gibt es, wie wir wissen, einen uralten und hochheiligen Tempel der Diana. Auch den, stelle ich fest, hast du ausgeplündert und beraubt, und von dem Bildwerk der Diana selbst hast du das Gold, das daran war, entfernt und weggenommen.

Was ist das, zum Teufel, für eine ungeheure Frechheit und für ein Wahnsinn! Denn wenn du in die Städte unserer Bundesgenossen und Freunde, die du mit dem Recht und dem Titel eines Legaten aufsuchtest, gewaltsam mit einem Heere und als Oberbefehlshaber eingedrungen wärest, so hättest du wohl trotzdem, meine ich, die Statuen und Kunstwerke, die

bibus sustulisses, haec non in tuam domum neque in suburbana amicorum, sed Romam in publicum deportasses. **21** (55) Quid ego de M. Marcello loquar, qui Syracusas, urbem ornatissimam, cepit? quid de L. Scipione, qui bellum in Asia gessit Antiochumque, regem potentissimum, vicit? quid de Flaminino, qui regem Philippum et Macedoniam subegit? quid de L. Paullo, qui regem Persen vi ac virtute superavit? quid de L. Mummio, qui urbem pulcherrimam atque ornatissimam, Corinthum, plenissimam rerum omnium, sustulit, urbisque Achaiae Boeotiaeque multas sub imperium populi Romani dicionemque subiunxit? Quorum domus, cum honore ac virtute florerent, signis et tabulis pictis erant vacuae; at vero urbem totam templaque deorum omnisque Italiae partis illorum donis ac monumentis exornatas videmus. (56) Vereor ne haec forte cuipiam nimis antiqua et iam obsoleta videantur; ita enim tum aequabiliter omnes erant eius modi ut haec laus eximiae virtutis et innocentiae non solum hominum, verum etiam temporum illorum esse videatur. P. Servilius, vir clarissimus, maximis rebus gestis, adest de te sententiam laturus: Olympum vi, copiis, consilio, virtute cepit, urbem antiquam et omnibus rebus auctam et ornatam. Recens exemplum fortissimi viri profero; nam postea Servilius imperator populi Romani Olympum urbem hostium cepit quam tu in isdem illis locis legatus quaestorius oppida pacata sociorum atque amicorum diripienda ac vexanda curasti. (57) Tu quae ex fanis religiosissimis per scelus et latrocinium abstulisti, ea nos videre nisi in tuis amicorumque tuorum tectis non possumus: P. Servilius quae signa atque

du aus diesen Städten mitgenommen hättest, nicht in dein Haus noch in die Landhäuser deiner Freunde, sondern nach Rom auf einen öffentlichen Platz bringen lassen dürfen. **21** (55) Was soll ich von M. Marcellus sagen, der Syrakus, diese an Kunstwerken so reiche Stadt, erobert hat?[79] Was von L. Scipio, der in Asien Krieg führte und Antiochus, den so mächtigen König, besiegte?[80] Was von Flaminius, der König Philipp und Makedonien unterwarf?[81] Was von L. Paullus, der durch seine Tatkraft und Tüchtigkeit den König Perseus überwand?[82] Was von L. Mummius, der Korinth, diese wunderschöne und reich geschmückte, mit Dingen aller Art reichlich angefüllte Stadt zerstörte und viele Städte Achaias und Böotiens der Herrschaft und Gewalt des römischen Volkes unterwarf?[83] Die Häuser dieser Männer strahlten von Glanz und Verdienst, waren jedoch frei von Statuen und Gemälden. Aber wir sehen, daß die ganze Stadt und die Tempel der Götter und alle Gegenden Italiens mit ihren Geschenken und Denkmälern geschmückt sind. (56) Ich fürchte, diese Dinge kommen vielleicht manchem allzu alt und bereits abgedroschen vor; denn damals waren alle in gleicher Weise so geartet, daß der Ruhm besonderer Redlichkeit und Uneigennützigkeit nicht nur den Menschen, sondern auch jenen Zeiten eigen zu sein scheint. P. Servilius, ein durch seine großen Leistungen hochberühmter Mann, ist anwesend, um seine Stimme über dich abzugeben. Mit Gewalt und Heeresmacht, mit kluger Planung und Tapferkeit hat er Olympos eingenommen, eine alte und mit allerlei Dingen reich ausgestattete und geschmückte Stadt.[84] Ich führe das noch ganz frische Beispiel eines außerordentlich tüchtigen Mannes an; denn Servilius, der Feldherr des römischen Volkes, hat die feindliche Stadt Olympos erst eingenommen, nachdem du in derselben Gegend als Legat im Range eines Quästors die friedlichen Städte der Bundesgenossen und Freunde hattest plündern und brandschatzen lassen. (57) Was du in verbrecherischer und räuberischer Weise aus den heiligsten Tempeln entwendet hast, das können wir nur in deinen und deiner Freunde Häusern sehen; P. Servilius dagegen hat die Standbilder und

ornamenta ex urbe hostium vi et virtute capta belli lege atque imperatorio iure sustulit, ea populo Romano adportavit, per triumphum vexit, in tabula publica ad aerarium perscribenda curavit. Cognoscite ex litteris publicis hominis amplissimi diligentiam. Recita. RATIONES RELATAE P. SERVILI. Non solum numerum signorum, sed etiam unius cuiusque magnitudinem, figuram, statum litteris definiri vides. Certe maior est virtutis victoriaeque iucunditas quam ista voluptas quae percipitur ex libidine et cupiditate. Multo diligentius habere dico Servilium praedam populi Romani quam te tua furta notata atque perscripta.

22 (58) Dices tua quoque signa et tabulas pictas ornamento urbi foroque populi Romani fuisse. Memini; vidi simul cum populo Romano forum comitiumque adornatum ad speciem magnifico ornatu, ad sensum cogitationemque acerbo et lugubri; vidi conlucere omnia furtis tuis, praeda provinciarum, spoliis sociorum atque amicorum. Quo quidem tempore, iudices, iste spem maximam reliquorum quoque peccatorum nactus est; vidit enim eos qui iudiciorum se dominos dici volebant harum cupiditatum esse servos. (59) Socii vero nationesque exterae spem omnem tum primum abiecerunt rerum ac fortunarum suarum, propterea quod casu legati ex Asia atque Achaia plurimi Romae tunc fuerunt, qui deorum simulacra ex suis fanis sublata in foro venerabantur, itemque cetera signa et ornamenta cum cognoscerent, alia alio in loco lacrimantes intuebantur. Quorum omnium hunc sermonem tum esse audiebamus, nihil esse quod quisquam dubitaret de

Schmucksachen, die er aus der mit Gewalt und tapferem Einsatz eroberten Stadt der Feinde nach Kriegsgesetz und Feldherrnrecht mitnahm, dem römischen Volke überbracht, im Triumphzug mitgeführt, in das amtliche Verzeichnis der Staatskasse eintragen lassen. Lernt aus dem amtlichen Schreiben die Gewissenhaftigkeit dieses erlauchten Mannes kennen. Lies vor. – »Die Abrechnung, die P. Servilius vorgelegt hat.« – Du siehst, in dem Schreiben ist nicht nur die Zahl der Statuen, sondern auch die Größe, die Form und der Zustand einer jeden genau angegeben. Ohne Zweifel, die Befriedigung über die Tüchtigkeit und den Sieg ist größer als das Lustgefühl, das man aus zügelloser Begierde gewinnt. Weit sorgfältiger, behaupte ich, hat Servilius die Beute des römischen Volkes gekennzeichnet und aufgeschrieben als du deine Diebstähle.

22 (58) Du wirst sagen, auch deine Statuen und Gemälde hätten der Stadt und dem Forum des römischen Volkes als Schmuck gedient. Ich erinnere mich; ich sah zugleich mit dem römischen Volke Forum und Comitium[85] geschmückt mit einem Schmuck, der dem Anblick nach prächtig, für unsere Gefühle und Gedanken jedoch bitter und schmerzlich war; ich sah, wie alles von deinen Diebstählen glänzte, von dem Raub aus den Provinzen, von den Beutestücken aus den Städten der Bundesgenossen und Freunde.[86] In dieser Zeit, ihr Richter, machte sich Verres auch wegen seiner übrigen Verfehlungen die größten Hoffnungen; er sah nämlich, daß die, die sich Herren der Gerichte genannt wissen wollten, die Sklaven solcher Begierden seien.[87] (59) Die Bundesgenossen aber und die auswärtigen Völker[88] fingen damals an, alle Hoffnung für ihr Eigentum und ihre Vermögenswerte aufzugeben, und zwar deshalb, weil damals zufällig sehr viele Gesandte aus Asien und Achaia in Rom waren, die auf dem Forum zu den Götterbildern beteten, die aus ihren Tempeln entwendet waren, und ebenso die übrigen Statuen und Kunstwerke, die sie wiedererkannten, bald an diesem, bald an jenem Orte unter Tränen betrachteten. Von ihnen allen hörten wir damals die Äußerung, es gebe für niemanden mehr

exitio sociorum atque amicorum, cum quidem viderent in foro populi Romani, quo in loco antea qui sociis iniurias fecerant accusari et condemnari solebant, ibi esse palam posita ea quae ab sociis per scelus ablata ereptaque essent.

(60) Hic ego non arbitror illum negaturum signa se plurima, tabulas pictas innumerabilis habere; sed, ut opinor, solet haec quae rapuit et furatus est non numquam dicere se emisse, quoniam quidem in Achaiam, Asiam, Pamphyliam sumptu publico et legationis nomine mercator signorum tabularumque pictarum missus est. **23** Habeo et ipsius et patris eius accepti tabulas omnis, quas diligentissime legi atque digessi, patris, quoad vixit, tuas, quoad ais te confecisse. Nam in isto, iudices, hoc novum reperietis. Audimus aliquem tabulas numquam confecisse; quae est opinio hominum de Antonio falsa, nam fecit diligentissime; verum sit hoc genus aliquod, minime probandum. Audimus alium non ab initio fecisse, sed ex tempore aliquo confecisse; est aliqua etiam huiusce rei ratio. Hoc vero novum et ridiculum est, quod hic nobis respondit cum ab eo tabulas postularemus, usque ad M. Terentium et C. Cassium consules confecisse, postea destitisse.

(61) Alio loco hoc cuius modi sit considerabimus; nunc nihil ad me attinet; horum enim temporum in quibus nunc versor habeo tabulas et tuas et patris. Plurima signa pulcherrima, plurimas tabulas optimas deportasse te negare non potes. Atque utinam neges! Unum ostende in tabulis aut tuis aut patris tui emptum esse: vicisti. Ne haec quidem duo signa

einen Grund, an der Vernichtung der Bundesgenossen und Freunde zu zweifeln; denn auf dem Forum des römischen Volkes, wo man früher diejenigen, die den Bundesgenossen Unrecht angetan hatten, anzuklagen und zu verurteilen pflegte, dort sehe man öffentlich ausgestellt, was den Bundesgenossen in verbrecherischer Weise weggenommen und entrissen sei.

(60) Hier würde er, glaube ich, nicht bestreiten, daß er sehr viele Statuen und unzählige Gemälde habe; doch er pflegt, wie ich vermute, bisweilen zu behaupten, er habe, was er geraubt und gestohlen, gekauft, da man ihn ja auf Staatskosten und mit dem Titel eines Legaten als Aufkäufer von Statuen und Gemälden nach Achaia, Asien und Pamphylien geschickt hat.[89] **23** Ich habe alle Rechnungsbücher von ihm selbst und seinem Vater, und ich habe sie sehr sorgfältig gelesen und durchgesehen: die des Vaters bis zu seinem Lebensende, die deinigen, solange du sie geführt zu haben behauptest. Denn bei Verres werdet ihr folgende Neuerung entdekken, ihr Richter. Wir hören, daß jemand niemals Rechnungsbücher geführt hat; dies glauben die Leute von M. Antonius[90] – und das ist falsch –, denn er hat sie sehr sorgfältig geführt. Doch es mag ja auch wirklich diese Sorte geben; sie verdient keineswegs Beifall. Wir hören, daß ein anderer nicht von Anfang an Bücher geführt, sondern von einer bestimmten Zeit an damit angefangen habe. Auch das läßt sich noch einigermaßen rechtfertigen. Doch dies ist neu und lächerlich, was Verres uns da geantwortet hat, als wir von ihm die Rechnungsbücher verlangten: er habe sie bis zum Konsulat des M. Terentius und C. Cassius[91] geführt und dann damit aufgehört. (61) Wir wollen an anderer Stelle prüfen, welche Bewandtnis es damit hat; jetzt ist es belanglos für mich. Denn für die Zeit, mit der ich es jetzt zu tun habe, besitze ich deine und deines Vaters Bücher. Du kannst nicht abstreiten, daß du sehr viele wunderschöne Statuen, sehr viele herrliche Gemälde weggeschafft hast – und doch wünschte ich, du strittest es ab! Beweise mir von einem einzigen Stück in deinen oder deines Vaters Büchern, daß es gekauft ist, und du

pulcherrima quae nunc ad impluvium tuum stant, quae multos annos ante valvas Iunonis Samiae steterunt, habes quo modo emeris, haec, inquam, duo quae in aedibus tuis sola iam sunt, quae sectorem exspectant, relicta ac destituta a ceteris signis.

24 (62) At, credo, in hisce solis rebus indomitas cupiditates atque effrenatas habebat: ceterae libidines eius ratione aliqua aut modo continebantur. Quam multis istum ingenuis, quam multis matribus familias in illa taetra atque impura legatione vim attulisse existimatis? Ecquo in oppido pedem posuit ubi non plura stuprorum flagitiorumque suorum quam adventus sui vestigia reliquerit? Sed ego omnia quae negari poterunt praetermittam; etiam haec quae certissima sunt et clarissima relinquam; unum aliquod de nefariis istius factis eligam, quo facilius ad Siciliam possim aliquando, quae mihi hoc oneris negotique imposuit, pervenire.

(63) Oppidum est in Hellesponto Lampsacum, iudices, in primis Asiae provinciae clarum et nobile; homines autem ipsi Lampsaceni cum summe in omnis civis Romanos officiosi, tum praeterea maxime sedati et quieti, prope praeter ceteros ad summum Graecorum otium potius quam ad ullam vim aut tumultum adcommodati. Accidit, cum iste a Cn. Dolabella efflagitasset ut se ad regem Nicomedem regemque Sadalam mitteret, cumque iter hoc sibi magis ad quaestum suum quam ad rei publicae tempus adcommodatum depoposcisset, ut illo itinere veniret Lampsacum cum magna calamitate et prope pernicie civitatis. Deducitur iste ad Ianitorem quendam hospitem, comitesque eius item apud ceteros hospites conlo-

hast gesiegt. Nicht einmal von diesen beiden wunderschönen Statuen, die jetzt in deinem Innenhof stehen, die viele Jahre vor den Torflügeln der samischen Juno gestanden haben, kannst du angeben, wie du sie gekauft hast; ich spreche von diesen beiden, die sich jetzt noch allein in deinem Hause befinden, die auf den Ankäufer warten, verlassen und getrennt von den anderen Statuen.

24 (62) Aber er hatte wahrscheinlich nur nach diesen Dingen eine unbezähmbare und zügellose Gier; seine übrigen Gelüste wurden doch wohl durch eine vernünftige Mäßigung in Schranken gehalten. Wie vielen freigeborenen jungen Menschen, glaubt ihr, wie vielen verheirateten Frauen hat Verres während seiner schändlichen und schmutzigen Zeit als Legat Gewalt angetan? Hat er etwa in irgendeine Stadt den Fuß gesetzt, wo er nicht mehr Spuren seiner unzüchtigen und schandbaren Taten als seines sonstigen Auftretens hinterlassen hätte? Doch ich will alles, was sich ableugnen läßt, übergehen; will auch das, was ganz unbestreitbar und allgemein bekannt ist, weglassen; nur *eine* von seinen ruchlosen Taten will ich auswählen, um desto leichter endlich einmal auf Sizilien kommen zu können, das mir ja diese Last und Aufgabe aufgebürdet hat.

(63) Am Hellespont liegt die Stadt Lampsakos, ihr Richter, in der Provinz Asien besonders berühmt und angesehen. Die Lampsakener selbst aber sind nicht nur gegenüber allen römischen Bürgern äußerst zuvorkommend, sondern überdies auch sehr gelassen und ruhig und fast mehr noch als die anderen eher zu äußerster griechischer Friedlichkeit geneigt als zu irgendeiner Gewalttat oder Empörung. Da geschah dies: Verres forderte von Cn. Dolabella, er möge ihn zu König Nikomedes und zu König Sadala schicken, und er erbat sich diese Reise mehr zu seinem eigenen Nutzen als zu einer für den Staat geeigneten Zeit, und so kam er auf dem Wege dorthin nach Lampsakos – zum großen Unglück und fast zum Verderben der Stadt. Man führt ihn zu einem gewissen Janitor, der ihn als Gast aufnehmen sollte, und seine Begleiter werden ebenfalls bei anderen Gastgebern untergebracht. Wie es seine

cantur. Ut mos erat istius, atque ut eum suae libidines flagitiosae facere admonebant, statim negotium dat illis suis comitibus, nequissimis turpissimisque hominibus, uti videant et investigent ecqua virgo sit aut mulier digna quam ob rem ipse Lampsaci diutius commoraretur. **25** (64) Erat comes eius Rubrius quidam, homo factus ad istius libidines, qui miro artificio, quocumque venerat, haec investigare omnia solebat. Is ad eum rem istam defert, Philodamum esse quendam, genere, honore, copiis, existimatione facile principem Lampsacenorum; eius esse filiam, quae cum patre habitaret propterea quod virum non haberet, mulierem eximia pulchritudine; sed eam summa integritate pudicitiaque existimari. Homo, ut haec audivit, sic exarsit ad id quod non modo ipse numquam viderat, sed ne audierat quidem ab eo qui ipse vidisset, ut statim ad Philodamum migrare se diceret velle. Hospes Ianitor, qui nihil suspicaretur, veritus ne quid in ipso se offenderetur, hominem summa vi retinere coepit. Iste, qui hospitis relinquendi causam reperire non posset, alia sibi ratione viam munire ad stuprum coepit; Rubrium, delicias suas, in omnibus eius modi rebus adiutorem suum et conscium, parum laute deversari dicit; ad Philodamum deduci iubet. (65) Quod ubi est Philodamo nuntiatum, tametsi erat ignarus quantum sibi ac liberis suis iam tum mali constitueretur, tamen ad istum venit; ostendit munus illud suum non esse; se, cum suae partes essent hospitum recipiendorum, tum ipsos tamen praetores et consules, non legatorum adseculas, recipere solere. Iste, qui una cupiditate raperetur, totum illius postulatum causamque neglexit; per vim ad eum, qui recipere non debe-

Art war und wie ihn seine schandbaren Gelüste trieben, gibt er sofort seinen Begleitern, ganz nichtsnutzigen und lasterhaften Burschen, den Auftrag, sie sollten nachsehen und erkunden, ob sich irgendein Mädchen oder eine Frau finde, um deretwillen es sich lohne, daß er sich länger in Lampsakos aufhalte. **25** (64) Einer seiner Begleiter war ein gewisser Rubrius, wie geschaffen für seine Gelüste, der mit bewundernswertem Geschick dies alles überall, wohin er kam, aufzuspüren pflegte. Er berichtete Verres folgendes: es gebe da einen gewissen Philodamos, durch Herkunft, Ehre, Wohlstand und Ansehen unstreitig der erste Mann unter den Lampsakenern; er habe eine Tochter, die bei ihrem Vater wohne, weil sie noch keinen Mann habe, eine Frau von ungewöhnlicher Schönheit; aber sie stehe in dem Rufe der größten Unbescholtenheit und Keuschheit. Wie der Mensch das hörte, entbrannte er für etwas, das er nicht nur selbst niemals gesehen, sondern nicht einmal von einem, der es selbst gesehen, gehört hatte, und zwar so sehr, daß er sogleich erklärte, er wolle zu Philodamos ziehen. Sein Wirt Janitor, der nichts ahnte, fürchtete, er selbst sei irgendwie der Stein des Anstoßes, und begann, ihn mit allen Kräften zurückzuhalten. Da Verres keinen Grund finden konnte, seinen Gastgeber zu verlassen, begann er sich auf andere Weise den Weg zur Hurerei zu bahnen. Er erklärt, Rubrius, sein Liebling, der bei allen derartigen Dingen sein Helfershelfer und Mitwisser war, sei nicht anständig genug untergebracht; er gibt Anweisung, ihn zu Philodamos zu bringen. (65) Als Philodamos das gemeldet wurde, ahnte er zwar noch nicht, welches Unheil sich schon jetzt für ihn und seine Kinder anbahnte; dennoch ging er zu Verres und wies ihn darauf hin, daß diese Verpflichtung ihm nicht zukomme; wenn er an der Reihe sei, Gäste aufzunehmen, so pflege er doch nur die Prätoren und Konsuln selbst, nicht das Gefolge von Legaten in sein Haus aufzunehmen. Verres, der sich allein von seiner Leidenschaft hinreißen ließ, überging das Anliegen und die Gründe des Mannes gänzlich; er befahl, Rubrius mit Gewalt zu dem zu bringen, der zur Aufnahme gar nicht verpflichtet war.

bat, Rubrium deduci imperavit. **26** Hic Philodamus, posteaquam ius suum obtinere non potuit, ut humanitatem consuetudinemque suam retineret laborabat. Homo, qui semper hospitalissimus amicissimusque nostrorum hominum existimatus esset, noluit videri ipsum illum Rubrium invitus domum suam recepisse; magnifice et ornate, ut erat in primis inter suos copiosus, convivium comparat; rogat Rubrium ut quos ei commodum sit invitet, locum sibi soli, si videatur, relinquat; etiam filium suum, lectissimum adulescentem, foras ad propinquum suum quendam mittit ad cenam. (66) Rubrius istius comites invitat; eos omnis Verres certiores facit quid opus esset. Mature veniunt, discumbitur. Fit sermo inter eos, et invitatio ut Graeco more biberetur; hortatur hospes, poscunt maioribus poculis, celebratur omnium sermone laetitiaque convivium. Posteaquam satis calere res Rubrio visa est, 'Quaeso,' inquit, 'Philodame, cur ad nos filiam tuam non intro vocari iubes?' Homo, qui et summa gravitate et iam id aetatis et parens esset, obstipuit hominis improbi dicto. Instare Rubrius. Tum ille, ut aliquid responderet, negavit moris esse Graecorum ut in convivio virorum accumberent mulieres. Hic tum alius ex alia parte, 'Enim vero ferendum hoc quidem non est; vocetur mulier!' Et simul servis suis Rubrius ut ianuam clauderent et ipsi ad foris adsisterent imperat. (67) Quod ubi ille intellexit, id agi atque id parari ut filiae suae vis adferretur, servos suos ad se vocat; his imperat ut se ipsum neglegant, filiam defendant; excurrat aliquis qui hoc tantum domestici mali filio nuntiet. Clamor interea fit tota

26 Jetzt bemühte sich Philodamos, da er sein Recht nicht hatte behaupten können, seine gewohnte Liebenswürdigkeit zu wahren. Der Mann, der als sehr gastlich und freundlich gegenüber unseren Leuten gegolten hatte, wollte nicht den Eindruck erwecken, als habe er selbst einen Mann wie Rubrius gegen seinen Willen in sein Haus aufgenommen. Großzügig und üppig – er war ja unter seinen Landsleuten besonders wohlhabend – läßt er ein Gastmahl herrichten. Er ersucht Rubrius, wen er möchte, dazu einzuladen; nur für ihn selbst möge er, wenn es ihm recht sei, einen Platz übriglassen. Sogar seinen Sohn, einen ganz vortrefflichen jungen Mann, schickt er zum Essen aus dem Hause, zu einem seiner Verwandten. (66) Rubrius lädt die Begleiter des Verres ein; der verständigt sie alle, was zu tun sei; sie kommen zeitig; man geht zu Tisch. Man kommt miteinander ins Gespräch, und man fordert sich auf, nach griechischer Sitte zu trinken.[92] Der Gastgeber ermuntert sie; sie fordern sich gegenseitig mit größeren Bechern heraus; die allgemeine Unterhaltung und Ausgelassenheit belebt das Mahl. Als Rubrius glaubte, die Stimmung sei genügend angeheizt, sagt er: »Ich bitte dich, Philodamos, warum läßt du nicht deine Tochter zu uns hereinrufen?« Philodamos, ein Mann von sehr strenger Lebensführung, schon betagt und zudem der Vater, war entsetzt über die Worte dieses schamlosen Menschen. Rubrius drängte ihn. Da erklärte er, um etwas zu antworten, es sei nicht Sitte bei den Griechen, daß Frauen an einer Tafelrunde der Männer Platz nähmen. Da schreit der eine hier, der andere dort: »Das kann man sich doch wirklich nicht bieten lassen; man rufe das Mädchen!« Und zugleich befiehlt Rubrius seinen Sklaven, die Haustür zu verschließen und sich selbst am Eingang zu postieren. (67) Sobald Philodamos erkannte, daß es sich darum handle und nur darauf abziele, seiner Tochter Gewalt anzutun, ruft er seine Sklaven zu sich. Er befiehlt ihnen, sich nicht um ihn selbst zu kümmern, sondern seine Tochter zu schützen; einer solle fortlaufen, den Sohn von dem großen Unheil, das der Familie drohe, zu benachrichtigen. Inzwischen erhebt sich im ganzen Hause Geschrei; zwischen den

domo; pugna inter servos Rubri atque hospitis; iactatur domi suae vir primarius et homo honestissimus; pro se quisque manus adfert; aqua denique ferventi a Rubrio ipso Philodamus perfunditur. Haec ubi filio nuntiata sunt, statim exanimatus ad aedis contendit, ut et vitae patris et pudicitiae sororis succurreret; omnes eodem animo Lampsaceni, simul ut hoc audierunt, quod eos cum Philodami dignitas tum iniuriae magnitudo movebat, ad aedis noctu convenerunt. Hic lictor istius Cornelius, qui cum eius servis erat a Rubrio quasi in praesidio ad auferendam mulierem conlocatus, occiditur; servi non nulli vulnerantur; ipse Rubrius in turba sauciatur. Iste, qui sua cupiditate tantos tumultus concitatos videret, cupere aliqua evolare, si posset. **27** (68) Postridie homines mane in contionem conveniunt; quaerunt quid optimum factu sit; pro se quisque, ut in quoque erat auctoritatis plurimum, ad populum loquebatur; inventus est nemo cuius non haec et sententia esset et oratio, non esse metuendum, si istius nefarium scelus Lampsaceni ulti vi manuque essent, ne senatus populusque Romanus in eam civitatem animadvertendum putaret; quodsi hoc iure legati populi Romani in socios nationesque exteras uterentur, ut pudicitiam liberorum servare ab eorum libidine tutam non liceret, quidvis esse perpeti satius quam in tanta vi atque acerbitate versari. (69) Haec cum omnes sentirent, et cum in eam rationem pro suo quisque sensu ac dolore loqueretur, omnes ad eam domum in qua iste deversabatur profecti sunt; caedere ianuam saxis, instare ferro, ligna et sarmenta circumdare ignemque subicere coepe-

Sklaven des Rubrius und des Gastgebers kommt es zur Schlägerei; man hetzt den vornehmen und hochangesehenen Mann in seinem eigenen Hause hin und her; jeder teilt nach Kräften Schläge aus. Schließlich wird Philodamos von Rubrius selbst mit kochendem Wasser übergossen. Als dies dem Sohn zu Ohren kam, eilte er sofort atemlos nach Hause, um das Leben des Vaters und die Reinheit der Schwester zu verteidigen. In der gleichen Absicht versammelten sich alle Lampsakener, sobald sie davon hörten, nachts vor dem Hause; hierzu trieb sie ebenso das Ansehen des Philodamos wie die Größe des Unrechts. Da nun wird Cornelius, ein Amtsdiener des Verres, den Rubrius zusammen mit seinen Sklaven zur Entführung des Mädchens gleichsam auf Posten gestellt hatte, getötet; einige Sklaven werden verwundet; Rubrius selbst wird in dem Gewühl verletzt. Als Verres sah, daß er durch seine Lüsternheit eine gewaltige Empörung hervorgerufen hatte, hatte er nur noch den Wunsch, sich wenn möglich irgendwie davonzustehlen. **27** (68) Am nächsten Tage kommen die Leute in aller Frühe zur Volksversammlung; man fragt, was am besten zu tun sei; alle, die großes Ansehen genossen, sprachen der Reihe nach zum Volk; es fand sich niemand, dessen Meinung und Rede nicht dahin ging, man brauche nicht zu befürchten, daß Senat und Volk von Rom eine Bestrafung der Stadt für notwendig hielten, wenn die Lampsakener das scheußliche Verbrechen des Verres mit tätlicher Gewalt ahndeten. Denn wenn sich die Legaten des römischen Volkes gegen die Bundesgenossen und auswärtigen Völker das Recht herausnähmen, daß es unzulässig sei, die Reinheit der Kinder vor ihrer Lüsternheit zu schützen und zu bewahren, dann sei es besser, alles zu ertragen, als unter einer so harten Gewaltherrschaft zu leben. (69) Da alle dieser Ansicht waren und da sich jeder im Hinblick auf seine schmerzlichen Gefühle in diesem Sinne äußerte, begaben sie sich alle zu dem Hause, in dem Verres einquartiert war. Sie begannen, die Tür mit Steinen einzuschlagen, mit Eisenstangen zu bearbeiten, ringsum Holz und Reisig aufzuhäufen und Feuer darunter zu legen. Da versammeln sich die römischen

runt. Tunc cives Romani, qui Lampsaci negotiabantur, concurrunt; orant Lampsacenos ut gravius apud eos nomen legationis quam iniuria legati putaretur; sese intellegere hominem illum esse impurum ac nefarium, sed quoniam nec perfecisset quod conatus esset, neque futurus esset Lampsaci postea, levius eorum peccatum fore si homini scelerato pepercissent quam si legato non pepercissent.

(70) Sic iste multo sceleratior et nequior quam ille Hadrianus aliquanto etiam felicior fuit. Ille, quod eius avaritiam cives Romani ferre non potuerunt, Uticae domi suae vivus exustus est, idque ita illi merito accidisse existimatum est ut laetarentur omnes neque ulla animadversio constitueretur: hic sociorum ambustus incendio tamen ex illa flamma periculoque evolavit, neque adhuc causam ullam excogitare potuit quam ob rem commiserit, aut quid evenerit, ut in tantum periculum veniret. Non enim potest dicere, 'cum seditionem sedare vellem, cum frumentum imperarem, cum stipendium cogerem, cum aliquid denique rei publicae causa gererem, quod acrius imperavi, quod animadverti, quod minatus sum.' Quae si diceret, tamen ignosci non oporteret, si nimis atrociter imperando sociis in tantum adductus periculum videretur.

28 (71) Nunc cum ipse causam illius tumultus neque veram dicere neque falsam confingere audeat, homo autem ordinis sui frugalissimus, qui tum accensus C. Neroni fuit, P. Tettius, haec eadem se Lampsaci cognosse dixerit, vir omnibus rebus ornatissimus, C. Varro, qui tum in Asia militum tribunus fuit, haec eadem ipse se ex Philodamo audisse dicat, potestis dubitare quin istum fortuna non tam ex illo periculo eri-

Bürger, die in Lampsakos geschäftlich tätig waren. Sie bitten die Lampsakener, sie möchten den Legatentitel höher veranschlagen als das Unrecht eines einzelnen Legaten; sie seien sich darüber im klaren, daß Verres ein schmutziger und ruchloser Mensch sei; aber da er sein Ziel nicht erreicht habe und er auch in Zukunft nicht mehr in Lampsakos weilen werde, sei ihr Vergehen geringer, wenn sie den frevelhaften Menschen geschont, als wenn sie den Legaten nicht geschont hätten.

(70) So kam dieser Mensch, der weit ruchloser und nichtswürdiger war als jener Hadrianus, auch noch bedeutend glücklicher davon. Denn Hadrianus wurde, weil die römischen Bürger seine Habgier nicht ertragen konnten, in Utica in seinem Hause lebendig verbrannt, und man war so fest davon überzeugt, dies sei ihm zu Recht widerfahren, daß alle sich freuten und keine Bestrafung angeordnet wurde.[93] Verres dagegen, angesengt von dem durch die Bundesgenossen gelegten Brand, entwischte dennoch aus dem lodernden Feuer und der Gefahr, und er konnte sich bisher noch keine Ausrede ausdenken, wie er es fertiggebracht und wie es sich abgespielt hat, daß er in eine solche Gefahr kam. Denn er kann nicht sagen: »Als ich einen Aufruhr beilegen wollte, als ich Getreide abzuliefern befahl, als ich eine Steuer eintrieb, kurz, als ich etwas im Interesse des Staates tat, weil ich zu strenge Befehle gab, weil ich Strafen verhängte, weil ich Drohungen ausstieß.« Wenn er das behauptete, so dürfte man dennoch keine Nachsicht üben, wenn er durch allzu barsche Befehle an die Bundesgenossen offenbar in eine solche Gefahr gekommen wäre. **28** (71) Da er selbst jetzt weder den wahren Grund jenes Aufruhrs anzugeben noch einen falschen zu erdichten wagt, P. Tettius aber, einer der ordentlichsten Männer seines Standes, der damals Amtsdiener bei C. Nero war, erklärt hat, daß er eben dies in Lampsakos erfahren habe, und C. Varro, ein in jeder Beziehung vorzüglicher Mann, der damals in Asien Militärtribun[94] war, aussagt, er habe selbst genau das gleiche von Philodamos gehört, könnt ihr da noch zweifeln, daß das Schicksal den Verres nicht so

pere voluerit quam ad vestrum iudicium reservare? Nisi vero illud dicet, quod et in Tetti testimonio priore actione interpellavit Hortensius – quo tempore quidem signi satis dedit, si quid esset quod posset dicere, se tacere non posse, ut, quam diu tacuit in ceteris testibus, scire omnes possemus nihil habuisse quod diceret: hoc tum dixit, Philodamum et filium eius a C. Nerone esse damnatos. (72) De quo ne multa disseram tantum dico, secutum id esse Neronem et eius consilium: quod Cornelium lictorem occisum esse constaret, putasse non oportere esse cuiquam ne in ulciscenda quidem iniuria hominis occidendi potestatem. In quo video Neronis iudicio non te absolutum esse improbitatis, sed illos damnatos esse caedis.

Verum ista damnatio tamen cuius modi fuit? Audite, quaeso, iudices, et aliquando miseremini sociorum et ostendite aliquid iis in vestra fide praesidi esse oportere. **29** Quod toti Asiae iure occisus videbatur istius ille verbo lictor, re vera minister improbissimae cupiditatis, pertimuit iste ne Philodamus Neronis iudicio liberaretur; rogat et orat Dolabellam ut de sua provincia decedat, ad Neronem proficiscatur; se demonstrat incolumem esse non posse, si Philodamo vivere atque aliquando Romam venire licuisset. (73) Commotus est Dolabella: fecit id quod multi reprehenderunt, ut exercitum, provinciam, bellum relinqueret, et in Asiam hominis nequissimi causa in alienam provinciam proficisceretur. Posteaquam ad Neronem venit, contendit ab eo ut Philodami causam cognosceret. Venerat ipse qui esset in consilio et primus sententiam diceret; adduxerat etiam praefectos et tribunos

sehr jener Gefahr entreißen als für euren Richterspruch aufsparen wollte? Es müßte denn sein, er will vorbringen, was auch Hortensius bei der Zeugenaussage des Tettius in der vorigen Verhandlung einwarf – bei dieser Gelegenheit hat er deutlich genug erkennen lassen, daß er nicht zu schweigen vermag, wenn er etwas vorbringen kann, so daß wir alle feststellen können, er habe nichts vorzubringen vermocht, solange er bei den übrigen Zeugen schwieg –, damals brachte er vor, Philodamos und sein Sohn seien von C. Nero verurteilt worden. (72) Um hierüber nicht viele Worte zu machen, bemerke ich nur, daß Nero und seine Berater folgenden Standpunkt vertraten: da feststehe, daß der Liktor Cornelius getötet worden sei, glaubten sie, daß niemand die Berechtigung haben dürfe, einen Menschen zu töten, auch nicht, wenn es sich um die Vergeltung eines Unrechts handle. Dieses Urteil Neros hat, wie ich sehe, dich nicht von deiner Schurkerei frei-, sondern jene des Totschlages für schuldig gesprochen.

Allein, wie spielte sich doch diese Verurteilung ab? Hört mich bitte an, ihr Richter, und habt endlich Mitleid mit den Bundesgenossen und zeigt, daß sie von eurem Pflichtgefühl einigermaßen Schutz erwarten dürfen. **29** Weil ganz Asien der Ansicht war, jener Mann sei mit Recht getötet worden, der dem Namen nach Amtsdiener des Verres, in Wirklichkeit aber der Gehilfe seiner schamlosen Gier war, fürchtete Verres, Philodamos könnte durch das Gericht Neros freigesprochen werden. Er bittet und drängt Dolabella, seine Provinz zu verlassen und zu Nero zu reisen; er gibt ihm zu verstehen, er könne sich nicht sicher fühlen, wenn Philodamos am Leben bleiben und irgendwann einmal nach Rom kommen dürfe. (73) Dolabella ließ sich beeinflussen; er tat, was viele getadelt haben: er verließ das Heer, die Provinz, den Krieg und reiste dem nichtswürdigsten Menschen zu Gefallen nach Asien, in eine fremde Provinz.[95] Bei Nero angekommen, verlangte er von ihm, er möge den Fall »Philodamos« untersuchen. Er war selbst gekommen, um dem Richterbeirat anzugehören und als erster seine Stimme abzugeben; er hatte auch

militaris suos, quos Nero omnis in consilium vocavit; erat in consilio etiam aequissimus iudex ipse Verres; erant non nulli togati creditores Graecorum quibus ad exigendas pecunias improbissimi cuiusque legati plurimum prodest gratia. (74) Ille miser defensorem reperire neminem poterat; quis enim esset aut togatus, qui Dolabellae gratia, aut Graecus, qui eiusdem vi et imperio non moveretur? Accusator autem adponitur civis Romanus de creditoribus Lampsacenorum; qui si dixisset quod iste iussisset, per eiusdem istius lictores a populo pecuniam posset exigere. Cum haec omnia tanta contentione, tantis copiis agerentur; cum illum miserum multi accusarent, nemo defenderet; cumque Dolabella cum suis praefectis pugnaret in consilio, Verres fortunas agi suas diceret, idem testimonium diceret, idem esset in consilio, idem accusatorem parasset, – haec cum omnia fierent, et cum hominem constaret occisum, tamen tanta vis istius iniuriae, tanta in isto improbitas putabatur ut de Philodamo AMPLIUS pronuntiaretur. **30** (75) Quid ego nunc in altera actione Cn. Dolabellae spiritus, quid huius lacrimas et concursationes proferam, quid C. Neronis, viri optimi atque innocentissimi, non nullis in rebus animum nimium timidum atque demissum? qui in illa re quid facere *oporteret* non habebat, nisi forte, id quod omnes tum desiderabant, ut ageret eam rem sine Verre et sine Dolabella. Quicquid esset sine his actum, omnes probarent; tum vero quod pronuntiatum est non per Neronem iudicatum, sed per Dolabellam ereptum existimabatur. Condemnatur enim perpaucis sententiis Philodamus et eius filius. Adest, instat, urget Dolabella ut quam primum

seine Präfekten und Militärtribunen mitgebracht; Nero berief sie alle in den Untersuchungsausschuß. Im Beirat befand sich auch Verres selbst, der gerechteste aller Richter, befanden sich auch einige Römer, Gläubiger von Griechen, denen bei der Eintreibung des Geldes die Gunst eines Legaten um so mehr nützt, je rücksichtsloser dieser ist. (74) Der unglückliche Philodamos konnte keinen Verteidiger finden. Denn welcher Römer hätte sich nicht durch Dolabellas Einfluß oder welcher Grieche nicht durch seine Befehlsgewalt beeindrukken lassen? Als Ankläger aber wird ein römischer Bürger bestellt, einer von den Gläubigern der Lampsakener. Wenn der sagte, was Verres befahl, dann konnte er durch dessen Liktoren sein Geld vom Volke eintreiben lassen. Obwohl dies alles mit solchem Nachdruck, mit solchem Einsatz von Mitteln betrieben wurde, obwohl viele den Armen anklagten, niemand ihn verteidigte und obwohl Dolabella mit seinen Präfekten im Richterbeirat kämpfte, Verres erklärte, es gehe um seine Existenz, und zugleich als Zeuge aussagte, zugleich im Richterbeirat saß, zugleich den Ankläger bestellte, obwohl dies alles geschah und obwohl feststand, daß ein Mensch erschlagen war, wurde doch die Brutalität des von Verres begangenen Unrechts, wurde seine Schamlosigkeit für so groß gehalten, daß das Urteil über Philodamos vertagt wurde. **30** (75) Wozu soll ich jetzt Cn. Dolabellas anmaßendes Auftreten in der zweiten Verhandlung, wozu Verres' Tränen und aufgeregtes Hin- und Herlaufen anführen? Wozu, daß ein so feiner und uneigennütziger Mann wie C. Nero in einigen Dingen allzu ängstlich und kleinmütig war? Es gab für ihn in dieser Sache nichts zu tun, außer etwa, was damals alle sich wünschten, daß er sie ohne Verres und ohne Dolabella verhandle. Was auch immer ohne diese beiden dabei herausgekommen wäre, hätten alle gebilligt. Das Urteil aber, das damals verkündet wurde, wurde, so glaubte man, nicht durch Nero gefällt, sondern durch Dolabella erpreßt. Philodamos und sein Sohn werden nämlich mit einer Mehrheit von ganz wenigen Stimmen verurteilt. Dolabella ist voll und ganz da, er setzt nach, er dringt darauf, man solle sie möglichst

securi feriantur, quo quam minime multi ex illis de istius nefario scelere audire possent. (76) Constituitur in foro Laodiceae spectaculum acerbum et miserum et grave toti Asiae provinciae, grandis natu parens adductus ad supplicium, ex altera parte filius, ille quod pudicitiam liberorum, hic quod vitam patris famamque sororis defenderat. Flebat uterque non de suo supplicio, sed pater de fili morte, de patris filius. Quid lacrimarum ipsum Neronem putatis profudisse? quem fletum totius Asiae fuisse, quem luctum et gemitum Lampsacenorum? securi esse percussos homines innocentis nobilis, socios populi Romani atque amicos, propter hominis flagitiosissimi singularem nequitiam atque improbissimam cupiditatem!

(77) Iam iam, Dolabella, neque me tui neque tuorum liberorum, quos tu miseros in egestate atque in solitudine reliquisti, misereri potest. Verresne tibi tanti fuit ut eius libidinem hominum innocentium sanguine lui velles? Idcircone exercitum atque hostem relinquebas ut tua vi et crudelitate istius hominis improbissimi pericula sublevares? Quod enim eum tibi quaestoris in loco constitueras, idcirco tibi amicum in perpetuum fore putasti? nesciebas ab eo Cn. Carbonem consulem, cuius re vera quaestor fuerat, non modo relictum sed etiam spoliatum auxiliis, pecunia, nefarie oppugnatum et proditum? Expertus igitur es istius perfidiam tum cum ipse se ad inimicos tuos contulit, cum in te homo ipse nocens acerrimum testimonium dixit, cum rationes ad aerarium nisi damnato te referre noluit.

schnell hinrichten, damit möglichst wenige durch sie etwas von dem scheußlichen Verbrechen des Verres erfahren können. (76) Auf dem Marktplatz von Laodicea[96] wird ein bitteres und jammervolles und für die ganze Provinz Asien niederdrückendes Schauspiel inszeniert; man führt den betagten Vater zur Richtstätte, und andererseits den Sohn, jenen, weil er die Keuschheit seiner Kinder, diesen, weil er das Leben des Vaters und den Ruf der Schwester verteidigt hatte. Beide weinten nicht über ihre eigene Bestrafung, sondern der Vater über den Tod des Sohnes, der Sohn über den des Vaters. Wie viele Tränen, glaubt ihr wohl, hat selbst Nero vergossen, in welches Wehklagen brach ganz Asien aus, in welches Jammern und in welches Stöhnen die Lampsakener? Unschuldige Menschen von adligem Stande, Bundesgenossen und Freunde des römischen Volkes, wurden mit dem Beile hingerichtet, und das wegen der beispiellosen Niedertracht und der schamlosen Begierde eines durch und durch lasterhaften Menschen!

(77) Hiernach, hiernach, Dolabella, kann ich jetzt weder mit dir noch mit deinen Kindern Mitleid haben, die du elend in Armut und Hilflosigkeit zurückgelassen hast. War dir Verres so viel wert, daß du seiner Lüsternheit das Blut unschuldiger Menschen opfern mochtest? Deshalb verließest du das Heer und den Feind, um durch dein gewalttätiges und grausames Verhalten die Gefahren dieses gewissenlosen Menschen zu mindern? Denn weil du ihn auf die Stelle deines Quästors gesetzt hattest, deshalb glaubtest du, werde er für immer dein Freund sein? Wußtest du nicht, daß er den Konsul Cn. Carbo, dessen wirklicher Quästor er gewesen war, nicht nur im Stich gelassen, sondern auch der Mittel, des Geldes beraubt und auf gemeine Weise angegriffen und verraten hatte? Du hast also seine Treulosigkeit erst damals erfahren, als er sich seinerseits auf die Seite deiner Feinde schlug, als er, der selbst straffällig war, dich durch seine Zeugenaussage schwer belastete, als er nur nach deiner Verurteilung bei der Staatskasse Rechnung legen wollte.[97]

31 (78) Tantaene tuae, Verres, libidines erunt ut eas capere ac sustinere non provinciae populi Romani, non nationes exterae possint? Tune quod videris, quod audieris, quod concupieris, quod cogitaris, nisi id ad nutum tuum praesto fuerit, nisi libidini tuae cupiditatique paruerit, immittentur homines, expugnabuntur domus, civitates non modo pacatae, verum etiam sociorum atque amicorum ad vim atque ad arma confugient, ut ab se atque a liberis suis legati populi Romani scelus ac libidinem propulsare possint? Nam quaero abs te circumsessusne sis Lampsaci, coeperitne domum in qua deversabare illa multitudo incendere, voluerintne legatum populi Romani comburere vivum Lampsaceni? Negare non potes; habeo enim testimonium tuum quod apud Neronem dixisti, habeo quas ad eundem litteras misisti. (79) Recita hunc ipsum locum de testimonio. TESTIMONIUM C. VERRIS IN ARTEMIDORUM. NON MULTO POST IN DOMUM –. Bellumne populo Romano Lampsacena civitas facere conabatur? deficere ab imperio ac nomine nostro volebat? Video enim et ex iis quae legi et audivi intellego, in qua civitate non modo legatus populi Romani circumsessus, non modo igni, ferro, manu, copiis oppugnatus, sed aliqua ex parte violatus sit, nisi publice satis factum sit, ei civitati bellum indici atque inferri solere. (80) Quae fuit igitur causa cur cuncta civitas Lampsacenorum de contione, quem ad modum tute scribis, domum tuam concurreret? Tu enim neque in litteris quas Neroni mittis, neque in testimonio causam tanti tumultus ostendis ullam. Obsessum te dicis, ignem adlatum, sarmenta circumdata, lictorem tuum occisum esse dicis, prodeundi tibi in publicum potesta-

31 (78) Sollten deine Gelüste so groß sein, Verres, daß die Provinzen des römischen Volkes, daß die auswärtigen Völkerschaften sie nicht befriedigen und ertragen können? Was du siehst, was du hörst, was du begehrst, was du dir denkst, wenn das nicht auf deinen Wink zur Stelle ist, nicht deinem Gelüste und Begehren nachgibt, sollen dann Leute hingeschickt, Häuser erobert werden, müssen dann nicht nur befriedete, sondern auch verbündete und befreundete Gemeinden zu Waffengewalt ihre Zuflucht nehmen, um von sich und ihren Kindern die verbrecherische Begierdc eines Legaten des römischen Volkes abwehren zu können? Denn ich frage dich: hat man dich in Lampsakos belagert, hat die Menge angefangen, das Haus, in dem du abgestiegen warst, anzuzünden, wollten die Lampsakener den Legaten des römischen Volkes lebendig verbrennen? Du kannst es nicht abstreiten; ich habe nämlich deine Zeugenaussage, die du vor Nero gemacht, ich habe den Brief, den du ihm geschickt hast. (79) Lies die betreffende Stelle aus der Zeugenerklärung vor. – Die Aussage des C. Verres gegen Artemidoros: »Nicht viel später gegen das Haus ...« – Beabsichtigte die Bürgerschaft von Lampsakos Krieg mit dem römischen Volk anzufangen? Wollte sie sich von unserer Herrschaft und Macht freimachen? Sehe ich doch und weiß durch das, was ich gelesen und gehört habe, daß dem Staate, in dem ein Legat des römischen Volkes nicht nur belagert, nicht nur mit Feuer und Schwert, mit Tätlichkeiten und Truppenmacht angegriffen, sondern auch nur mehr oder weniger verletzt wird, daß diesem Staat der Krieg erklärt und ins Land getragen zu werden pflegt, wenn er nicht offiziell Genugtuung leistet. (80) Was war denn der Grund, weshalb die gesamte Bürgerschaft der Lampsakener von der Volksversammlung weg, wie du selbst schreibst, vor deinem Hause zusammenlief? Du nennst nämlich weder in dem Brief, den du Nero schicktest, noch in deiner Zeugenaussage irgendeinen Grund für einen solchen Aufruhr. Man habe dich belagert, sagst du, Feuer herbeigebracht, Reisig ringsum aufgeschichtet; du sagst, dein Liktor sei getötet worden; du behauptest, du habest dich nicht in der Öffentlichkeit

tem factam negas: causam huius tanti terroris occultas. Nam si quam Rubrius iniuriam suo nomine ac non impulsu tuo et tua cupiditate fecisset, de tui comitis iniuria questum ad te potius quam te oppugnatum venirent. Cum igitur quae causa illius tumultus fuerit testes a nobis producti dixerint, ipse celarit, nonne causam hanc quam nos proposuimus cum illorum testimonia tum istius taciturnitas perpetua confirmat?

32 (81) Huic homini parcetis igitur, iudices, cuius tanta peccata sunt ut ii quibus iniurias fecerit neque legitimum tempus exspectare ad ulciscendum neque vim tantam doloris in posterum differre potuerint? Circumsessus es. A quibus? A Lampsacenis. Barbaris hominibus, credo, aut iis qui populi Romani nomen contemnerent. Immo vero ab hominibus et natura et consuetudine et disciplina lenissimis, porro autem populi Romani condicione sociis, fortuna servis, voluntate supplicibus: ut perspicuum sit omnibus, nisi tanta acerbitas iniuriae, tanta vis sceleris fuisset ut Lampsaceni moriendum sibi potius quam perpetiendum putarent, numquam illos in eum locum progressuros fuisse ut vehementius odio libidinis tuae quam legationis metu moverentur. (82) Nolite, per deos immortalis, cogere socios atque exteras nationes hoc uti perfugio, quo, nisi vos vindicatis, utentur necessario! Lampsacenos in istum numquam ulla res mitigasset nisi eum poenas Romae daturum credidissent: etsi talem acceperant iniuriam, quam nulla lege satis digne persequi possent, tamen incom-

sehen lassen dürfen; den Grund aber für diese schlimme Bedrohung verschweigst du. Denn wenn Rubrius eigenmächtig, nicht auf deine Veranlassung und deinem Gelüste zuliebe irgendein Unrecht begangen hätte, dann wären sie eher zu dir gekommen, sich über den Übergriff deines Begleiters zu beschweren, statt dich zu belagern. Da nun die von mir vorgeführten Zeugen gesagt haben, was der Grund jenes Aufruhrs gewesen sei, er selbst aber keinen angegeben hat, wird da nicht der von mir genannte Grund durch jene Zeugenaussagen und ebenso durch das hartnäckige Schweigen des Verres bestätigt?

32 (81) Diesen Menschen wollt ihr also schonen, ihr Richter, dessen Verfehlungen so groß sind, daß diejenigen, denen er Unrecht angetan hat, weder die vom Gesetz vorgeschriebene Zeit zur Rache abwarten[98] noch den heftigen Ausbruch ihres Schmerzes auf die Zukunft verschieben konnten. Du bist belagert worden. Von wem? Von den Lampsakenern. Wohl von Barbaren oder von solchen, die den Namen des römischen Volkes verachten. Nein, vielmehr von Menschen, die ihrem Wesen, ihrer Gewohnheit und Erziehung nach äußerst sanftmütig, zudem aber ihrer Stellung nach die Bundesgenossen, durch ihr Schicksal die Sklaven, aus freiem Willen die Schutzflehenden des römischen Volkes sind. Daher ist allen klar: Wäre die Bitterkeit des Unrechts nicht so groß, der verbrecherische Gewaltakt nicht so schlimm gewesen, daß die Lampsakener meinten, lieber sterben als so etwas ertragen zu sollen, sie wären niemals so weit gegangen, daß sie sich stärker durch ihre Erbitterung über deinen Willkürakt als durch die Angst vor deinem Legatenamt leiten ließen. (82) Zwingt doch – bei den unsterblichen Göttern! – die Bundesgenossen und auswärtigen Völker nicht, zu diesem Ausweg ihre Zuflucht zu nehmen, den sie, wenn ihr nicht strafend einschreitet, notgedrungen wählen werden! Nichts hätte jemals die Lampsakener gegen Verres zur Milde gestimmt, wenn sie nicht geglaubt hätten, er werde in Rom seine Strafe finden; wenn sie auch ein Unrecht erlitten hatten, das sie nach keinem Gesetz in angemessener Weise verfolgen konnten, so

moda sua nostris committere legibus et iudiciis quam dolori suo permittere maluerunt. Tu mihi, cum circumsessus a tam inlustri civitate sis propter tuum scelus atque flagitium, cum coegeris homines miseros et calamitosos quasi desperatis nostris legibus et iudiciis ad vim, ad manus, ad arma confugere, cum te in oppidis et civitatibus amicorum non legatum populi Romani, sed tyrannum libidinosum crudelemque praebueris, cum apud exteras nationes imperi nominisque nostri famam tuis probris flagitiisque violaris, cum te ex ferro amicorum populi Romani eripueris atque ex flamma sociorum evolaris, hic tibi perfugium speras futurum? Erras: ut huc incideres, non ut hic conquiesceres, illi te vivum exire passi sunt.

33 (83) Et ais iudicium esse factum te iniuria circumsessum esse Lampsaci, quod Philodamus cum filio condemnatus sit. Quid, si doceo, si planum facio teste homine nequam, verum ad hanc rem tamen idoneo – te ipso, inquam, teste docebo te huius circumsessionis tuae causam et culpam in alios transtulisse, neque in eos, quos tu insimularas, esse animadversum. Iam nihil te iudicium Neronis adiuvat. Recita quas ad Neronem litteras misit. EPISTULA C. VERRIS AD NERONEM. THEMISTAGORAS ET THESSALUS –. Themistagoram et Thessalum scribis populum concitasse. Quem populum? Qui te circumsedit, qui te vivum comburere conatus est. Ubi hos persequeris, ubi accusas, ubi defendis ius nomenque legati? in Philodami iudicio dices id actum? (84) Cedo mihi ipsius Verris testimonium: videamus quid idem iste iuratus dixerit. Recita.

wollten sie doch lieber ihre Beschwernisse unseren Gesetzen und Gerichten anvertrauen als ihrem Schmerz überlassen. Du bist mir von den Bürgern einer so angesehenen Stadt wegen deines verbrecherischen und schändlichen Benehmens umstellt worden; du hast armselige und unglückliche Menschen gezwungen, zur Gewalt, zu ihren Fäusten, zu den Waffen ihre Zuflucht zu nehmen, als böten unsere Gesetze keine Hoffnung mehr; du hast dich in den Städten und Gemeinden unserer Freunde nicht als Legat des römischen Volkes, sondern als ein zügelloser und grausamer Tyrann aufgeführt; du hast bei den auswärtigen Völkern den Ruf unserer Herrschaft und unseres Namens durch deine Schandtaten und Niederträchtigkeiten geschädigt; du bist dem Schwert der Freunde des römischen Volkes entronnen und dem lodernden Feuer der Bundesgenossen entwischt: da hoffst du noch hier eine Zuflucht zu finden? Du irrst dich: damit du hier stürzt, nicht damit du hier Ruhe findest, haben die Lampsakener dich lebend laufen lassen.

33 (83) Und du behauptest, das Gericht habe den Spruch gefällt, du seiest widerrechtlich in Lampsakos belagert worden, weil man ja Philodamos mit seinem Sohne verurteilt habe. Wie, wenn ich nachweise, wenn ich deutlich mache, und zwar durch das Zeugnis eines nichtswürdigen, aber dafür doch geeigneten Menschen – durch dein eigenes Zeugnis, sage ich, werde ich nachweisen, daß du die Ursache und Schuld für diese Belagerung von dir auf andere geschoben hast und daß man gegen diejenigen, die du bezichtigt hattest, gar nicht strafend vorgegangen ist. Dann nützt dir das Urteil Neros gar nichts mehr. Lies den Brief vor, den er an Nero geschickt hat. – Brief des C. Verres an Nero: »Themistagoras und Thessalos ...« – Themistagoras und Thessalos, schreibst du, hätten das Volk aufgehetzt. Welches Volk? Das dich belagert, das versucht hat, dich lebend zu verbrennen. Wo verfolgst du diese Leute, wo klagst du sie an, wo verteidigst du das Recht und den Rang des Legaten? Willst du sagen, das sei im Prozeß gegen Philodamos geschehen? (84) Laßt mich des Verres eigene Zeugenaussage hören; wir wollen sehen, was derselbe

Ab accusatore rogatus respondit in hoc iudicio non persequi: sibi in animo esse alio tempore persequi. Quid igitur te iuvat Neronis iudicium, quid Philodami damnatio? Legatus cum esses circumsessus, cumque, quem ad modum tute ad Neronem scripsisti, populo Romano communique causae legatorum facta esset insignis iniuria, non es persecutus: dicis tibi in animo esse alio tempore persequi. Quod fuit id tempus? quando es persecutus? Cur imminuisti ius legationis, cur causam populi Romani deseruisti ac prodidisti, cur iniurias tuas coniunctas cum publicis reliquisti? Non te ad senatum causam deferre, non de tam atrocibus iniuriis conqueri, non eos homines qui populum concitarant consulum litteris evocandos curare oportuit? (85) Nuper M. Aurelio Scauro postulante, quod is Ephesi se quaestorem vi prohibitum esse dicebat quo minus e fano Dianae servum suum, qui in illud asylum confugisset, abduceret, Pericles Ephesius, homo nobilissimus, Romam evocatus est, quod auctor illius iniuriae fuisse arguebatur: tu, si te legatum ita Lampsaci tractatum esse senatum docuisses ut tui comites vulnerarentur, lictor occideretur, ipse circumsessus paene incenderere, eius autem rei duces et auctores et principes fuisse, quos scribis, Themistagoram et Thessalum, quis non commoveretur, quis non ex iniuria quae tibi esset facta sibi provideret, quis non in ea re causam tuam, periculum commune agi arbitraretur? Etenim nomen legati eius modi esse debet quod non modo inter

Herr unter Eid ausgesagt hat. Lies vor. – »Vom Ankläger befragt, antwortete er, er verfolge sein Recht nicht in diesem Prozeß; er beabsichtige, es zu einer anderen Zeit zu verfolgen.« – Was nützt dir also Neros Urteilsspruch, was die Verurteilung des Philodamos? Obwohl man dich, den Legaten, belagert und obwohl man, wie du ja auch an Nero geschrieben hast, dem römischen Volke und der gemeinsamen Sache der Legaten eine beispiellose Kränkung zugefügt hatte, hast du sie nicht verfolgt. Du erklärst, du beabsichtigst sie zu einer anderen Zeit zu verfolgen. Welche Zeit war das? Wann hast du sie verfolgt? Warum hast du die rechtliche Stellung des Legaten geschmälert, warum die Sache des römischen Volkes vernachlässigt und verraten; warum das Unrecht auf sich beruhen lassen, das man dir und zugleich dem Gemeinwesen angetan hatte? Hättest du die Sache nicht vor den Senat bringen, nicht über ein so empörendes Unrecht dich beschweren, nicht die Leute, die das Volk aufgehetzt hatten, durch ein Schreiben der Konsuln vorladen lassen sollen? (85) Unlängst berichtete M. Aurelius Scaurus, er sei als Quästor in Ephesos mit Gewalt daran gehindert worden, seinen Sklaven aus dem Tempel der Diana abzuführen, der sich in dieses Asyl geflüchtet hatte;[99] daher wurde auf sein Verlangen der Ephesier Pericles, ein Mann von höchstem Stande, nach Rom geladen, weil man ihm vorwarf, er sei der Anstifter dieser Rechtsverletzung gewesen. Wenn du nun dem Senat nachgewiesen hättest, man habe dich als Legaten in Lampsakos so behandelt, daß man deine Begleiter verletzte, einen Amtsdiener tötete, dich selbst belagerte und beinahe verbrannte, die Rädelsführer aber, Anstifter und führenden Köpfe dieses Anschlages seien, wie du schreibst, Themistagoras und Thessalos gewesen: wer wäre davon nicht beeindruckt worden, wer wäre nicht wegen des Unrechts, das man dir angetan hat, für sich selbst besorgt, wer wäre nicht überzeugt gewesen, daß es sich hierbei ebenso um eine allgemeine Gefahr wie um deine Sache handle? Denn der Titel »Legat« muß so geachtet sein, daß er nicht nur unter der Rechtsordnung der Bundesge-

sociorum iura, sed etiam inter hostium tela incolume versetur.

34 (86) Magnum hoc Lampsacenum crimen est libidinis atque improbissimae cupiditatis: accipite nunc avaritiae prope modum in suo genere non levius. Milesios navem poposcit, quae eum praesidi causa Myndum prosequeretur: illi statim myoparonem egregium de sua classe ornatum atque armatum dederunt. Hoc praesidio Myndum profectus est. Nam quid a Milesiis lanae publice abstulerit, item de sumptu in adventum, de contumeliis et iniuriis in magistratum Milesium tametsi dici cum vere tum graviter et vehementer potest, tamen dicere praetermittam eaque omnia testibus integra reservabo: illud, quod neque taceri ullo modo neque dici pro dignitate potest, cognoscite. (87) Milites remigesque Miletum Myndo pedibus reverti iubet: ipse myoparonem pulcherrimum de decem Milesiorum navibus electum L. Magio et L. Fannio, qui Myndi habitabant, vendidit. Hi sunt homines quos nuper senatus in hostium numero habendos censuit: hoc illi navigio ad omnis populi Romani hostis usque ab Dianio [quod in Hispania est] ad Sinopam [quae in Ponto est] navigaverunt.

O, di immortales, incredibilem avaritiam singularemque audaciam! Navem tu de classe populi Romani, quam tibi Milesia civitas ut te prosequeretur dedisset, ausus es vendere? Si te magnitudo malefici, si hominum existimatio non movebat, ne illud quidem cogitabas, huius improbissimi furti sive adeo nefariae praedae tam inlustrem ac tam nobilem civitatem testem futuram? (88) An quia tum Cn. Dolabella in eum qui ei myoparoni praefuerat, Milesiisque rem gestam renuntiarat,

nossen, sondern auch unter den Geschossen der Feinde unangetastet bleibt.

34 (86) Groß ist das Vergehen in Lampsakos, ein Beispiel seiner Lüsternheit und maßlosen Gier. Vernehmt nun einen Bubenstreich seiner Habsucht, der in seiner Art kaum leichter wiegt. Er forderte von den Milesiern ein Schiff, das ihn aus Gründen der Sicherheit nach Myndos[100] begleiten sollte. Diese gaben ihm sofort von ihrer Flotte einen vorzüglichen, wohlausgerüsteten und bewaffneten Schnellsegler. Unter diesem Schutze reiste Verres nach Myndos. Denn darüber, was er an Wolle den Milesiern kraft seines Amtes wegnahm, auch über die Kosten für seinen Aufenthalt, über sein schmähsüchtiges und beleidigendes Verhalten gegenüber den Behörden von Milet, so wahrheitsgemäß, so eindringlich und wirkungsvoll man auch darüber sprechen könnte, will ich doch kein Wort verlieren und alle diese Dinge unberührt für die Zeugen aufheben. Vernehmt nun aber, was man auf keinen Fall verschweigen darf und doch nicht angemessen beschreiben kann. (87) Den Soldaten und Ruderern befiehlt er zu Fuß von Myndos nach Milet zurückzukehren; er selbst verkaufte den Schnellsegler, ein ausgewähltes Prachtstück, das schönste von den zehn Schiffen[101] der Milesier, dem L. Magius und L. Fannius,[102] die in Myndos wohnten. Das sind Leute, die der Senat kürzlich zu Staatsfeinden erklärte. Denn mit diesem Schiff fuhren sie zu allen Feinden des römischen Volkes von Dianium[103] bis Sinope[104].

Bei den unsterblichen Göttern! Welch unglaubliche Habgier und beispiellose Frechheit! Ein Schiff aus der Flotte des römischen Volkes, das dir die Bürgerschaft von Milet zu deinem Geleit gegeben hatte, hast du zu verkaufen gewagt? Wenn die Größe der Übeltat, wenn die Meinung der Leute dich unberührt ließen, hast du dann nicht wenigstens daran gedacht, daß eine so berühmte und bekannte Stadt diesen unverschämten Diebstahl oder vielmehr diesen ruchlosen Piratenakt bezeugen werde? (88) Oder weil damals Cn. Dolabella den Kommandanten dieses Schnellseglers, der den Milesiern den Vorfall gemeldet hatte, auf deine Bitten zur Rechenschaft zu

animadvertere tuo rogatu conatus est, renuntiationemque eius, quae erat in publicas litteras relata illorum legibus, tolli iusserat, idcirco te ex hoc crimine elapsum esse arbitrabare? 35 Multum te ista fefellit opinio, et quidem multis in locis. Semper enim existimasti, et maxime in Sicilia, satis cautum tibi ad defensionem fore, si aut referri aliquid in litteras publicas vetuisses, aut quod relatum esset tolli coegisses. Hoc quam nihil sit, tametsi ex multis Siciliae civitatibus priore actione didicisti, tamen etiam in hac ipsa civitate cognosce. Sunt illi quidem dicto audientes, quam diu adsunt ii qui imperant: simul ac discesserunt, non solum illud perscribunt quod tum prohibiti sunt, sed etiam causam adscribunt cur non tum in litteras relatum sit. (89) Manent istae litterae Mileti, manent, et dum erit illa civitas manebunt. Decem enim navis iussu L. Murenae populus Milesius ex pecunia vectigali populo Romano fecerat, sicut pro sua quaeque parte Asiae ceterae civitates. Quam ob rem unam ex decem, non praedonum repentino adventu sed legati latrocinio, non vi tempestatis sed hac horribili tempestate sociorum amissam in litteras publicas rettulerunt. (90) Sunt Romae legati Milesii, homines nobilissimi ac principes civitatis, qui tametsi mensem Februarium et consulum designatorum nomen exspectant, tamen hoc tantum facinus non modo negare interrogati, sed ne producti quidem reticere poterunt: dicent, inquam, et religione adducti et domesticarum legum metu, quid illo

ziehen wagte, und weil er befahl, dessen Meldung zu löschen, die man den dortigen gesetzlichen Bestimmungen gemäß ins Staatsarchiv aufgenommen hatte – glaubtest du, damit dieser Anklage entronnen zu sein? **35** In dieser Erwartung hast du dich mächtig getäuscht, und zwar bei vielen Gelegenheiten. Denn immer hast du geglaubt, und besonders in Sizilien, es werde dir für deine Verteidigung genügend Sicherheit bieten, wenn du entweder untersagtest, etwas in das staatliche Archiv einzutragen, oder die Löschung von Eintragungen erwirktest. Wie das gar nichts bedeutet, hast du zwar schon in der ersten Verhandlung von vielen Gemeinden Siziliens erfahren; dennoch sollst du es auch gerade im Falle von Milet erkennen. Jene Leute gehorchen zwar aufs Wort, solange die anwesend sind, die den Befehl geben. Sobald diese sich aber entfernt haben, schreiben sie nicht nur das auf, was festzuhalten man sie vorher gehindert hat, sondern sie setzen auch noch den Grund hinzu, warum die Eintragung in die Staatspapiere nicht früher geschehen sei. (89) Diese Papiere sind noch in Milet vorhanden, sie sind noch vorhanden und werden vorhanden sein, solange diese Stadt besteht. Zehn Schiffe nämlich hatte das Volk von Milet auf Befehl des L. Murena[105] aus Steuergeldern für das römische Volk bauen lassen, wie auch die übrigen Gemeinden Asiens, jede nach ihren Möglichkeiten. Deshalb haben sie in die Papiere eingetragen, daß eines von den zehn Schiffen nicht durch einen plötzlichen Überfall von Seeräubern, sondern durch den Raub eines Legaten, nicht durch die Gewalt eines Sturmes, sondern durch diesen schrecklichen Sturm, der über die Bundesgenossen hinwegbrauste, verlorengegangen sei. (90) In Rom sind Gesandte aus Milet, Leute von hohem Ansehen und die führenden Männer ihres Gemeinwesens. Wenn diese auch dem Monat Februar und dem Namen der künftigen Konsuln[106] mit Bangen entgegensehen, so werden sie doch, wenn man sie fragt, diese schlimme Untat nicht abstreiten, ja wenn man sie vorführt, nicht einmal verschweigen können; sie werden, behaupte ich, aus Gewissenhaftigkeit und aus Furcht vor den einheimischen Gesetzen aussagen, was mit jenem Schnellsegler

myoparone factum sit, ostendent C. Verrem, in ea classe quae contra piratas aedificata sit, piratam ipsum consceleratum fuisse.

36 C. Malleolo, quaestore Cn. Dolabellae, occiso duas sibi hereditates venisse arbitratus est, unam quaestoriae procurationis, nam a Dolabella statim pro quaestore iussus est esse; alteram tutelae, nam cum pupilli Malleoli tutor esset, in bona eius impetum fecit. (91) Nam Malleolus in provinciam sic copiose profectus erat ut domi prorsus nihil relinqueret; praeterea pecunias occuparat apud populos et syngraphas fecerat, argenti optimi caelati grande pondus secum tulerat, nam ille quoque sodalis istius erat in hoc morbo et cupiditate; grande pondus argenti, familiam magnam, multos artifices, multos formosos homines reliquit. Iste quod argenti placuit invasit; quae mancipia voluit abduxit; vina ceteraque quae in Asia facillime comparantur, quae ille reliquerat, asportavit; reliqua vendidit, pecuniam exegit. (92) Cum ad HS viciens quinquiens redegisse constaret, ut Romam rediit, nullam litteram pupillo, nullam matri eius, nullam tutoribus reddidit; servos artifices pupilli cum haberet domi, circum pedes autem homines formosos et litteratos, suos esse dicebat, se emisse. Cum saepius mater et avia pueri postularent uti, si non redderet pecuniam nec rationem daret, diceret saltem quantum pecuniae Malleoli deportasset, a multis efflagitatus aliquando dixit HS deciens; deinde in codicis extrema cera nomen infi-

geschehen ist, und aufzeigen, daß C. Verres sich an der Flotte, die gegen die Piraten gebaut wurde, selbst als frevelhafter Pirat erwiesen hat.

36 Nachdem C. Malleolus, der Quästor des Cn. Dolabella, ermordet worden war, glaubte Verres, ihm seien zwei Erbschaften in den Schoß gefallen, die eine mit der Verwaltung der Quästur – denn er wurde von Dolabella sofort zum Proquästor bestellt –, die andere mit der Vormundschaft – denn da er der Vormund des unmündigen Malleolus war, trat er zum Angriff auf dessen Vermögen an. (91) Denn Malleolus hatte sich so reichlich ausgestattet in die Provinz begeben, daß er zu Hause so gut wie nichts zurückließ. Außerdem hatte er Geld bei den Gemeinden ausgeliehen und sich Schuldscheine dafür geben lassen; eine große Menge des feinsten, kunstreich gearbeiteten Silbers hatte er mit sich genommen; denn auch in dieser Krankheit und Leidenschaft war er ein Kumpan des Verres. Er hinterließ eine große Menge Silbers, eine große Dienerschaft, viele Handwerker, viele schöne Sklaven. Verres brachte alles Silber an sich, das ihm gefiel, nahm alle Sklaven weg, die er wollte, ließ den Wein und andere in Asien sehr leicht zu beschaffende Dinge, die Malleolus hinterlassen hatte, beiseitebringen, verkaufte das übrige und strich das Geld ein. (92) Obwohl er, wie allgemein bekannt war, einen Erlös von ungefähr zweieinhalb Millionen Sesterzen erzielt hatte, erstattete er, nach Rom zurückgekehrt, weder dem Mündel noch dessen Mutter, noch den Vormündern auch nur mit einem Worte Bericht. Von den Handwerkersklaven des Mündels, die er in seinem Hause hatte, von den schönen und gebildeten Leuten, die um ihn waren, behauptete er, sie gehörten ihm, er habe sie gekauft. Wiederholt forderten die Mutter und die Großmutter des Jungen, er solle, wenn er schon das Geld nicht zurückgebe und auch nicht Rechnung lege, wenigstens sagen, wieviel Geld von Malleolus er mitgebracht habe; von vielen Seiten gedrängt, erklärte er endlich: eine Million Sesterzen. Darauf trug er am äußersten Rande seiner Wachstafel[107] einen letzten Posten ein, an einer in schändlicher Weise durchstrichenen

mum in flagitiosa litura fecit; expensa Chrysogono servo HS sescenta milia, accepta pupillo Malleolo rettulit. Quo modo ex deciens HS sescenta sint facta, quo modo DC eodem modo quadrarint ut illa de Cn. Carbonis pecunia reliqua HS sescenta facta sint, quo modo Chrysogono expensa lata sint, cur id nomen infimum in lituraque sit, vos existimabitis. (93) Tamen HS sescenta milia cum accepta rettulisset, HS quinquaginta milia soluta non sunt; homines, posteaquam reus factus est, redditi *alii*, alii etiam nunc retinentur; peculia omnium vicariique retinentur. **37** Haec est istius praeclara tutela. En cui tuos liberos committas, en memoriam mortui sodalis, en metum vivorum existimationis! Cum tibi se tota Asia spoliandam ac vexandam praebuisset, cum tibi exposita esset omnis ad praedandum Pamphylia, contentus his tam opimis rebus non fuisti? manus a tutela, manus a pupillo, manus a sodalis filio abstinere non potuisti? Iam te non Siculi, non aratores, ut dictitas, circumveniunt, non hi qui decretis edictisque tuis in te concitati infestique sunt: Malleolus a me productus est et mater eius atque avia, quae miserae flentes eversum a te puerum patriis bonis esse dixerunt. (94) Quid exspectas? an dum ab inferis ipse Malleolus exsistat, atque abs te officia tutelae sodalitatis familiaritatisque flagitet? Ipsum putato adesse. Homo avarissime et spurcissime, redde bona sodalis filio, si non quae abstulisti, at quae confessus es! Cur cogis sodalis filium hanc primam in foro vocem cum dolore et

Stelle: eine an den Sklaven Chrysogonos gemachte Zahlung von 600000 Sesterzen rechnete er seinem Mündel Malleolus als Guthaben an.[108] Wie aus einer Million Sesterzen 600000 geworden sind, wie es mit diesen 600000 genau so stimmte wie mit jenen 600000 Sesterzen, die vom Gelde des Cn. Carbo übrigblieben,[109] wie die Zahlung an Chrysogonos verbucht wurde, warum dieser Posten der letzte ist und sich an einer ausgestrichenen Stelle befindet, das werdet ihr beurteilen müssen. (93) Gleichwohl sind, obgleich er 600000 Sesterzen als empfangen gebucht hat, keine 50000 ausgezahlt worden; einige Sklaven hat er, als Anklage gegen ihn erhoben wurde, herausgegeben, andere hält er noch jetzt zurück, von allen[110] behält er den Besitz und die Stellvertreter.[111] **37** Das ist seine vortreffliche Vormundschaft. Seht, da habt ihr einen, dem man seine Kinder anvertrauen kann; seht, so gedenkt man des verstorbenen Freundes; seht, so fürchtet man das Urteil der Lebenden! Obwohl sich dir ganz Asien zur Ausplünderung und Mißhandlung dargeboten hatte, obwohl ganz Pamphylien deinen Raubzügen ausgesetzt war, gabst du dich mit diesen überaus erträglichen Dingen nicht zufrieden, konntest du deine Hände nicht von der Vormundschaft, nicht vom Mündel, nicht vom Sohn des Amtsgenossen lassen? Jetzt treiben dich nicht die Sizilier, nicht die Domänenpächter, wie du zu sagen pflegst, in die Enge, nicht diejenigen, die du durch deine Entscheidungen und Verordnungen gegen dich aufgebracht und dir zu Feinden gemacht hast: Malleolus wurde von mir vorgeführt und seine Mutter und seine Großmutter, die Unglücklichen, die weinend aussagten, du habest den Knaben um sein väterliches Hab und Gut gebracht. (94) Auf was wartest du noch? Etwa, daß Malleolus selbst von den Toten aufersteht und von dir die Pflichten des Vormundes, des Amtsgenossen und Freundes einfordert? Nimm an, er sei selbst zugegen. Du habgieriger und schmutziger Mensch, gib dem Sohne des Amtsgenossen das Hab und Gut zurück, wenn nicht, was du geraubt, so doch wenigstens, was du zugegeben hast. Warum zwingst du den Sohn des Amtsgenossen, den ersten Laut auf dem Forum in schmerzvol-

querimonia emittere? cur sodalis uxorem, sodalis socrum, domum denique totam sodalis mortui contra te testimonium dicere? cur pudentissimas lectissimasque feminas in tantum virorum conventum insolitas invitasque prodire cogis? Recita omnium testimonia. Testimonium matris et aviae.

38 (95) Pro quaestore vero quo modo iste commune Milyadum vexarit, quo modo Lyciam, Pamphyliam, Pisidiam Phrygiamque totam frumento imperando, aestimando, hac sua, quam tum primum excogitavit, Siciliensi aestimatione adflixerit, non est necesse demonstrare verbis: hoc scitote, [his nominibus – quae res per hunc gestae sunt] cum iste civitatibus frumentum, coria, cilicia, saccos imperaret, neque ea sumeret proque iis rebus pecuniam exigeret – his nominibus solis Cn. Dolabellae HS ad triciens litem esse aestimatam. Quae omnia, etiamsi voluntate Dolabellae fiebant, per istum tamen omnia gerebantur. (96) Consistam in uno nomine; multa enim sunt ex eodem genere. Recita. De litibus aestimatis Cn. Dolabellae pr. pecuniae redactae. Quod a communi Milyadum –. Te haec coegisse, te aestimasse, tibi pecuniam numeratam esse dico, eademque vi et iniuria, cum pecunias maximas cogeres, per omnis partis provinciae te tamquam aliquam calamitosam tempestatem pestemque pervasisse demonstro. (97) Itaque M. Scaurus, qui Cn. Dolabellam accusavit, istum in sua potestate ac dicione tenuit. Homo adulescens cum istius in inquirendo multa furta ac flagitia cognosset, fecit perite et callide; volumen eius rerum gestarum maximum isti ostendit; ab homine quae voluit in

ler Klage hervorzubringen?[112] Warum die Frau, warum die Schwiegermutter, kurz, warum das ganze Haus des verstorbenen Amtsgenossen, gegen dich Zeugnis abzulegen? Warum zwingst du so zurückhaltende und edle Frauen, gegen ihre Gewohnheit und Neigung in einer so zahlreichen Versammlung von Männern aufzutreten? Lies von allen die Zeugenaussagen vor. – Zeugenaussage der Mutter und Großmutter. –

38 (95) Doch wie er als Proquästor die Gemeinde der Milyaden[113] heimgesucht, wie er ganz Lykien, Pamphylien, Pisidien und Phrygien in Bedrängnis gebracht hat, indem er die Lieferung von Getreide befahl und nach seinem sizilischen Bewertungsverfahren, das er sich damals zum ersten Mal ausdachte, dessen Wert abschätzte,[114] brauche ich nicht eingehend darzulegen. Nur das sollt ihr wissen: während Verres den Gemeinden befahl, Getreide, Leder, Teppiche und Säcke abzuliefern, die Gegenstände aber nicht annahm, sondern dafür den Geldwert eintrieb, wurde Cn. Dolabella allein für diese Posten zu einer Entschädigungssumme von etwa drei Millionen Sesterzen verurteilt.[115] Wenn dies alles auch nach dem Willen Dolabellas geschah, so wurde es doch ganz und gar durch Verres ausgeführt. (96) Ich will es bei dem einen Posten bewenden lassen; denn es gibt noch viele von derselben Art. Lies vor. – Über die Entschädigungssumme für das eingetriebene Geld, zu der der Prätor Cn. Dolabella verurteilt wurde: »Was von der Gemeinde der Milyaden ...« – Ich behaupte, daß du dies erzwungen, daß du den Wert bestimmt, daß dir das Geld ausgezahlt worden ist, und ich erkläre offen, daß du, als du die größten Geldsummen eintriebst, mit der gleichen rechtswidrigen Gewalttätigkeit wie ein verheerendes Unwetter und wie eine Seuche durch alle Teile der Provinz gezogen bist. (97) Daher hatte M. Scaurus, der Cn. Dolabella anklagte, den Verres in seiner Gewalt und Hörigkeit. Der junge Mann hatte bei seinen Nachforschungen von vielen Diebstählen und Schandtaten des Verres erfahren, und er ging nun geschickt und schlau vor. Er zeigte dem Verres eine umfangreiche Aufzeichnung seiner Taten; er

Dolabellam abstulit; istum testem produxit; dixit iste quae velle accusatorem putavit. Quo ex genere mihi testium qui cum isto furati sunt, si uti voluissem, magna copia fuisset; qui ut se periculo litium, coniunctione criminum liberarent, quo ego vellem descensuros pollicebantur. (98) Eorum ego voluntatem omnium repudiavi; non modo proditori, sed ne perfugae quidem locus in meis castris cuiquam fuit. Forsitan meliores illi accusatores habendi sint, qui haec omnia fecerunt. Ita est; sed ego defensorem in mea persona, non accusatorem maxime laudari volo. Rationes ad aerarium, antequam Dolabella condemnatus est, non audet referre; impetrat a senatu ut dies sibi prorogaretur, quod tabulas suas ab accusatoribus Dolabellae obsignatas diceret, proinde quasi exscribendi potestatem non haberet. Solus est hic qui numquam rationes ad aerarium referat.

39 Audistis quaestoriam rationem, tribus versiculis relatam; legationis, non nisi condemnato et eiecto eo qui posset reprehendere; nunc denique praeturae, quam ex senatus consulto statim referre debuit, usque ad hoc tempus non rettulit. (99) Quaestores se in senatu exspectare dixit, proinde quasi non, ut quaestor sine praetore possit rationem referre, – ut tu, Hortensi, ut omnes – eodem modo sine quaestore praetor. Dixit idem Dolabellam impetrasse. Omen magis patribus conscriptis quam causa placuit: probaverunt. Verum quaestores quoque iam pridem venerunt: cur non rettulisti? Illarum rationum ex ea faece legationis quaestoriaeque tuae

schob, was er wollte, von ihm auf Dolabella ab; er ließ ihn als Zeugen auftreten, und der sagte aus, was seiner Meinung nach der Ankläger wünschte. Hätte ich von dieser Sorte von Zeugen, die an den Diebstählen des Verres beteiligt sind, Gebrauch machen wollen, dann hätte mir eine große Menge zur Verfügung gestanden. Diese versprachen, um sich von der Gefahr eines Prozesses und der Verstrickung in die Verbrechen zu befreien, sie würden sich zu allem bereitfinden, was ich wünschte. (98) Ich habe die Bereitwilligkeit aller dieser Leute zurückgewiesen; in meinem Lager war kein Platz für einen Verräter, ja nicht einmal für einen Überläufer. Vielleicht muß man die für die besseren Ankläger halten, die sich zu alledem bereitgefunden haben. So ist es. Aber ich wünsche, daß man in meiner Person den Verteidiger, nicht den Ankläger am meisten lobt. Bevor Dolabella verurteilt ist, wagt Verres nicht, seine Abrechnung der Staatskasse vorzulegen; er erreicht beim Senat, daß man ihm eine Fristverlängerung gewährt, indem er behauptet, seine Rechnungsbücher seien von den Anklägern Dolabellas versiegelt worden, als ob er nicht die Möglichkeit gehabt hätte, sich eine Abschrift anzufertigen. Dieser Mensch ist der einzige, der niemals bei der Staatskasse Rechnung legt.

39 Ihr habt gehört, wie er über seine Quästur in drei kleinen Zeilen und über sein Legatenamt erst dann die Abrechnungen vorgelegt hat, als *der* Mann verurteilt und verbannt war, der sie hätte anfechten können. Jetzt gar hat er die Abrechnung über seine Prätur,[116] die er laut Senatsbeschluß hätte sofort vorlegen müssen, bis zu dieser Stunde nicht abgegeben. (99) Er wolle, so sagte er im Senat, auf die Quästoren warten, gerade als ob nicht, wie der Quästor ohne den Prätor – wie du, Hortensius, wie alle es taten – ebenso gut der Prätor ohne den Quästor die Abrechnung vornehmen könnte. Er sagte, Dolabella habe dasselbe erreicht. Den Senatoren gefiel die Vorbedeutung[117] mehr als der Grund: sie willigten ein. Aber auch die Quästoren sind ja schon längst erschienen: warum hast du noch nicht abgerechnet? Zu den Rechnungen aus dem Unrat deines Legatenamtes und deiner Proquästur gehören

procurationis illa sunt nomina, quae Dolabellae necessario sunt aestimata. Ex litibus aestimatis Dolabellae pr. et pro pr.: (100) Quod minus Dolabella Verri acceptum rettulit quam Verres illi expensum tulerit, HS quingenta triginta quinque milia, et quod plus fecit Dolabella Verrem accepisse quam iste in suis tabulis habuit, HS ducenta triginta duo milia, et quod plus frumenti fecit accepisse istum, HS deciens et octingenta milia, quod tu homo castissimus aliud in tabulis habebas. Hinc illae extraordinariae pecuniae, quas nullo duce tamen aliqua ex particula investigamus, redundarunt, hinc ratio cum Q. et Cn. Postumis Curtiis multis nominibus, quorum in tabulis iste habet nullum; hinc HS quater deciens P. Tadio numeratum Athenis testibus planum faciam; hinc empta apertissime praetura, nisi forte id etiam dubium est, quo modo iste praetor factus sit. (101) Homo scilicet aut industria aut opera probata aut frugalitatis existimatione praeclara aut denique, id quod levissimum est, adsiduitate, qui ante quaesturam cum meretricibus lenonibusque vixisset, quaesturam ita gessisset quem ad modum cognovistis, Romae post quaesturam illam nefariam vix triduum constitisset, absens non in oblivione iacuisset sed in adsidua commemoratione omnibus omnium flagitiorum fuisset, is repente, ut Romam venit, gratiis praetor factus est. Alia porro pecunia ne accusaretur data. Cui sit data, nihil ad me, nihil ad rem pertinere arbitror: datam quidem esse tum inter omnis recenti negotio facile constabat. (102) Homo stultissime et amentissime, tabulas cum conficeres et cum extraordinariae pecuniae

die Posten, die man notgedrungen Dolabella zur Last legen mußte. – Aus dem Verzeichnis der Entschädigungssumme, zu denen der Prätor und Proprätor Dolabella verurteilt wurde. – (100) Dolabella schrieb dem Verres eine kleinere Summe gut, als Verres ihm ausgezahlt zu haben behauptete – das sind 535 000 Sesterzen –, und Dolabella machte geltend, Verres habe mehr erhalten, als er in seinen Büchern vermerkt hatte – das sind 232 000 Sesterzen –, und außerdem gab Dolabella an, Verres habe mehr Getreide empfangen, nämlich für 1 800 000 Sesterzen, was du, ein durch und durch untadeliger Mann, ganz anders in deinen Büchern hattest. Daher[118] sind also die außerordentlichen Gelder[119] geflossen, denen wir auch ohne Führer einigermaßen auf die Spur kommen;[120] daher die Geschäftsverbindung mit Q. und Cn. Postumius Curtius bei vielen Posten, von denen er keinen einzigen in seinen Büchern hat; daher die Summe von 1 400 000 Sesterzen, die P. Tadius in Athen ausgezahlt wurde, wie ich durch Zeugen beweisen werde; daher die ganz offenkundig erkaufte Prätur – es sei denn, es wäre noch zweifelhaft, wie er Prätor geworden ist. (101) Natürlich, er war ein Mann, dessen Unternehmungsgeist und Tatkraft sich bewährt hatten oder der wegen seiner soliden Lebensführung einen ausgezeichneten Ruf besaß oder schließlich, was das Unerheblichste ist,[121] der sich dauernd den Leuten zeigte, der vor seiner Quästur mit Dirnen und Kupplern zusammengelebt, der sein Quästorenamt so geführt, wie ihr gehört habt, sich nach seiner ruchlosen Quästur kaum drei Tage in Rom aufgehalten hatte, jedoch während seiner Abwesenheit nicht in Vergessenheit geraten, sondern wegen aller seiner Schandtaten dauernd in aller Munde gewesen war: dieser Mann ist plötzlich, sowie er nach Rom kam, für nichts und wieder nichts Prätor geworden. Dann wurde noch weiteres Geld verausgabt, damit man ihn nicht anklage.[122] Wem es gegeben wurde, ist mir gleichgültig, tut nichts zur Sache, wie ich meine; freilich, daß es verausgabt wurde, stand damals, als der Handel noch neu war, bei allen unbestritten fest. (102) Du törichter und unverständiger Mensch: als du deine Bücher führtest und als du

crimen subterfugere velles, satis te elapsurum omni suspicione arbitrabare si, quibus pecuniam credebas, iis expensum non ferres, neque in tuas tabulas ullum nomen referres, cum tot tibi nominibus acceptum Curtii referrent? Quid proderat tibi te expensum illis non tulisse? an tuis solis tabulis te causam dicturum existimasti?

40 (103) Verum ad illam iam veniamus praeclaram praeturam, criminaque ea quae notiora sunt his qui adsunt quam nobis qui meditati ad dicendum paratique venimus; in quibus non dubito quin offensionem neglegentiae vitare atque effugere non possim. Multi enim ita dicent, 'De illo nihil dixit in quo ego interfui; illam iniuriam non attigit quae mihi aut quae amico meo facta est, quibus ego in rebus interfui'. His omnibus qui istius iniurias norunt, hoc est populo Romano universo, me vehementer excusatum volo non neglegentia mea fore ut multa praeteream, sed quod alia testibus integra reservari velim, multa autem propter rationem brevitatis ac temporis praetermittenda existimem. Fatebor etiam illud invitus, me prorsus, cum iste punctum temporis nullum vacuum peccato praeterire passus sit, omnia quae ab isto commissa sint non potuisse cognoscere. Quapropter ita me de praeturae criminibus auditote ut ex utroque genere, et iuris dicendi et sartorum tectorum exigendorum, ea postuletis quae maxime digna sint eo reo cui parvum ac mediocre obici nihil oporteat. (104) Nam ut praetor factus est, qui auspicato a Chelidone surrexisset, sortem nactus est urbanae provinciae magis ex sua

dich dem Vorwurf nicht belegbaren Geldes entziehen wolltest, glaubtest du da, du könntest hinreichend jedem Verdacht entgehen, wenn du es denjenigen, denen du das Geld anvertrautest, nicht in Rechnung stelltest noch irgendeinen Posten in deine Bücher eintrügest, da doch die Curtier das von dir Empfangene in so vielen Posten dir gutschrieben? Was nützte es dir, das an sie Ausgezahlte nicht zu verbuchen? Oder glaubtest du etwa, du würdest dich nur auf Grund deiner Bücher verantworten müssen?

40 (103) Doch wir wollen jetzt auf seine glänzende Prätur zu sprechen kommen und auf die Verbrechen, die den Anwesenden bekannter sind als uns, wenn wir auch wohlvorbereitet und gewappnet zur Verhandlung kommen. Hierbei kann ich ohne Zweifel dem Vorwurf der Nachlässigkeit nicht entgehen und entrinnen. Viele werden nämlich sagen: »Darüber hat er nichts gesagt, wo ich dabei war; jenes Unrecht hat er nicht berührt, das mir oder das meinem Freund angetan wurde, wo auch ich dabei war.« Von allen denen, die seine Rechtsverletzungen kennen, das heißt vom gesamten römischen Volke, wünsche ich mir mit allem Nachdruck, daß man mir vergibt: es ist nicht Nachlässigkeit von mir, daß ich viele Dinge übergehe; vielmehr möchte ich das eine oder andere unberührt für die Zeugen aufgespart wissen, vieles aber glaube ich aus Rücksicht auf die Kürze der Zeit weglassen zu müssen. Ich will auch, wenn schon ungern, gestehen: da Verres keinen Augenblick ohne eine Freveltat hat vergehen lassen, habe ich durchaus nicht alle Untaten, die er begangen hat, in Erfahrung bringen können. Deshalb laßt mich so über die Verbrechen seiner Prätur reden, daß ihr aus den beiden Geschäftsbereichen, dem der Rechtsprechung und dem der Aufsicht über den Zustand der Gebäude,[123] nur das zu hören verlangt, was einem Angeklagten am meisten angemessen ist, dem man nichts Geringes und Mittelmäßiges vorwerfen darf. (104) Denn sowie er Prätor geworden war, erhob er sich unter günstigen Vorzeichen von der Seite der Chelidon[124] und erhielt durch das Los mehr nach seinem und der Chelidon als nach dem Wunsche des römischen Volkes den städtischen

Chelidonisque quam ex populi Romani voluntate. Qui principio qualis in edicto constituendo fuerit cognoscite.

41 P. Annius Asellus mortuus est C. Sacerdote praetore. Is cum haberet unicam filiam neque census esset, quod eum natura hortabatur, lex nulla prohibebat, fecit ut filiam bonis suis heredem institueret. Heres erat filia. Faciebant omnia cum pupilla, leges, aequitas, voluntas patris, edicta praetorum, consuetudo iuris eius quod erat tum cum Asellus est mortuus. (105) Iste praetor designatus – utrum admonitus an temptatus an, qua est ipse sagacitate in his rebus, sine duce ullo, sine indice pervenerit ad hanc improbitatem, nescio: vos tantum hominis audaciam amentiamque cognoscite – appellat heredem L. Annium, qui erat institutus secundum filiam (non enim mihi persuadetur istum ab illo prius appellatum); dicit se posse ei condonare edicto hereditatem; docet hominem quid possit fieri. Illi bona res, huic vendibilis videbatur. Iste, tametsi singulari est audacia, tamen ad pupillae matrem submittebat; malebat pecuniam accipere, ne quid novi ediceret, quam ut hoc edictum tam improbum et tam inhumanum interponeret. (106) Tutores pecuniam praetori si pupillae nomine dedissent, grandem praesertim, quem ad modum in rationem inducerent, quem ad modum sine periculo suo dare possent, non videbant; simul et istum fore tam improbum non arbitrabantur; saepe appellati pernegaverunt. Iste ad arbitrium eius cui condonabat hereditatem ereptam a liberis quam aequum edictum conscripserit, quaeso, cognoscite. CUM INTELLEGAM LEGEM VOCONIAM –. Quis umquam crederet mulierum adversarium Verrem futurum? an ideo aliquid

Amtsbereich.[125] Vernehmt, wie er sich gleich zu Anfang bei der Abfassung des Ediktes[126] benommen hat.

41 P. Annius Asellus starb während der Prätur des C. Sacerdos.[127] Da er nur eine einzige Tochter hatte und sein Vermögen nicht veranlagt war,[128] tat er, was sein natürliches Gefühl ihm anriet und kein Gesetz untersagte: er setzte seine Tochter zur Erbin seines Vermögens ein[129]: Die Tochter war also Erbin. Alles sprach zugunsten des unmündigen Mädchens: die Gesetze, die Billigkeit, der Wille des Vaters, die Edikte der Prätoren, das Gewohnheitsrecht, das damals, als Asellus starb, galt. (105) Verres tritt als künftiger Prätor – hatte er einen Hinweis erhalten, oder wollte man ihn testen, oder war er bei seinem Scharfsinn in diesen Dingen ohne jede Anweisung, ohne Wink auf diese Schurkerei verfallen? Ich weiß es nicht; ihr aber sollt nur die Frechheit und den Wahnsinn des Menschen kennenlernen – er tritt also an L. Annius heran, der als Ersatzerbe[130] nach der Tochter eingesetzt war (ich lasse mir nämlich nicht einreden, daß Annius zuerst an Verres herangetreten ist); er erklärt, er könne ihm durch sein Edikt die Erbschaft zusprechen; er setzt ihm auseinander, was getan werden könne. Annius hielt die Sache für gut, Verres für verkäuflich. Trotz seiner beispiellosen Skrupellosigkeit wandte er sich heimlich an die Mutter des unmündigen Mädchens; er wollte lieber Geld dafür entgegennehmen, daß er nichts Neues verordne, als daß er eine so unredliche und so unmenschliche Verordnung erlasse. (106) Die Vormünder sahen, wenn sie dem Prätor im Namen ihres Mündels Geld, zumal einen großen Betrag, gäben, keinen Weg, wie sie die Summe verbuchen sollten, wie sie das Geld ohne Gefahr für die eigene Person zahlen könnten; zugleich glaubten sie auch nicht, daß Verres so gewissenlos sein werde; sie lehnten rundweg ab, sooft sie auch angesprochen wurden. Hört euch bitte an, was für eine gerechte Verordnung Verres nach dem Befinden dessen abgefaßt hat, dem er die den Kindern[131] entrissene Erbschaft zusprach. »Da ich weiß, daß das Voconische Gesetz ...« Wer hätte jemals geglaubt, daß Verres sich als Frauenfeind erweisen werde? Oder hat er deshalb etwas ge-

contra mulieres fecit ne totum edictum ad Chelidonis arbitrium scriptum videretur? Cupiditati hominum ait se obviam ire. Quis potius non modo his temporibus, sed etiam apud maiores nostros? quis tam remotus fuit a cupiditate? Dic, quaeso, cetera; delectat enim me hominis gravitas, scientia iuris, praetoris auctoritas. Recita. QUI AB A. POSTUMIO Q. FULVIO CENSORIBUS POSTVE EA – – FECIT FECERIT. (107) 'Fecit fecerit'? quis umquam edixit isto modo? quis umquam eius rei fraudem aut periculum proposuit edicto, quae neque post edictum reprehendi neque ante edictum provideri potuit? **42** Iure, legibus, auctoritate omnium qui consulebantur, testamentum P. Annius fecerat non improbum, non inofficiosum, non inhumanum: quodsi ita fecisset, tamen post illius mortem nihil de testamento illius novi iuris constitui oporteret. Voconia lex te videlicet delectabat. Imitatus esses ipsum illum C. Voconium, qui lege sua hereditatem ademit nulli neque virgini neque mulieri: sanxit in posterum, qui post eos censores census esset, ne quis heredem virginem neve mulierem faceret. (108) In lege Voconia non est 'FECIT FECERIT', neque in ulla praeteritum tempus reprehenditur nisi eius rei quae sua sponte tam scelerata et nefaria est ut, etiamsi lex non esset, magnopere vitanda fuerit. Atque in his ipsis rebus multa videmus ita sancta esse legibus ut ante facta in iudicium non vocentur; Cornelia testamentaria, nummaria,

gen die Frauen verfaßt, damit es nicht so aussehe, das ganze Edikt sei nach dem Gutdünken der Chelidon niedergeschrieben? Der menschlichen Habgier, sagt er, wolle er entgegentreten. Wer könnte das besser, nicht nur in unseren Zeiten, sondern auch zur Zeit unserer Vorfahren? Wer ist so frei von Habgier gewesen? Trag doch bitte auch das übrige vor; denn der Ernst des Mannes, seine Kenntnis des Rechts, seine prätorische Würde macht mir Freude. Lies vor. »Wer während der Zensur des A. Postumius und Q. Fulvius[132] oder später das[133] ... gemacht hat bzw. machen wird.« (107) »Gemacht hat bzw. machen wird«[134]: Wer hat jemals eine solche Verordnung erlassen? Wer hat jemals in einer Verordnung für etwas Nachteile oder Risiken angekündigt, die man weder nach der Bekanntgabe tadeln noch vor der Bekanntgabe ahnen konnte? **42** Nach dem Recht, den Gesetzen und dem Gutachten aller, die um Rat gefragt wurden, hatte P. Annius ein Testament gemacht, das nicht unredlich, nicht pflichtwidrig, nicht lieblos war.[135] Aber selbst wenn er so gehandelt hätte, so hätte man doch nach seinem Tode wegen seines Testamentes keine neue Rechtsbestimmung einführen dürfen. Natürlich, das Voconische Gesetz lag dir am Herzen. Dann hättest du auch dem Beispiel des C. Voconius[136] folgen sollen, der durch sein Gesetz weder einem Mädchen noch einer Frau eine Erbschaft wegnahm; er legte nur für die Zukunft fest, wer sich nach dem Amte der genannten Zensoren mit seinem Vermögen habe veranlagen lassen, der solle kein Mädchen und keine Frau zur Erbin einsetzen. (108) Im Voconischen Gesetz steht nicht »gemacht hat bzw. machen wird«, noch wird in irgendeinem Gesetz zum Nachteil auf die Vergangenheit zurückgegriffen, es sei denn für eine Handlungsweise, die schon von sich aus so verbrecherisch und frevelhaft ist, daß man sich auch dann ernsthaft davor in acht nehmen müßte, wenn es gar kein Gesetz gäbe. Und selbst in diesen Fällen ist, wie wir sehen, vieles durch die Gesetze so festgelegt, daß davor Geschehenes nicht vor Gericht gebracht werden dürfe; so verhält es sich bei den Cornelischen Gesetzen über Testamente und über das Münzwesen[137] und bei

ceterae complures, in quibus non ius aliquod novum populo constituitur, sed sancitur ut, quod semper malum facinus fuerit, eius quaestio ad populum pertineat ex certo tempore. (109) De iure vero civili si quis novi quid instituit, is non omnia quae ante acta sunt rata esse patietur? Cedo mihi leges Atinias, Furias, Fusias, ipsam, ut dixi, Voconiam, omnis praeterea de iure civili: hoc reperies in omnibus statui ius quo post eam legem populus utatur. Qui plurimum tribuunt edicto, praetoris edictum legem annuam dicunt esse: tu edicto plus amplecteris quam lege. Si finem edicto praetoris adferunt Kalendae Ianuariae, cur non initium quoque edicti nascitur a Kalendis Ianuariis? an in eum annum progredi nemo poterit edicto quo praetor alius futurus est, in illum quo alius praetor fuit regredietur? (110) Ac si hoc iuris, non unius hominis causa edixisses, cautius composuisses. **43** Scribis, Qui heredem fecit fecerit. Quid, si plus legarit quam ad heredem heredesve perveniat? quod per legem Voconiam ei qui census non sit licet; cur hoc, cum in eodem genere sit, non caves? Quia non generis, sed hominis causam verbis amplecteris, ut facile appareat te pretio, non iure esse commotum. Atque hoc si in posterum edixisses, etsi minus esset nefarium, tamen esset improbum; sed tum vituperari posset, in discrimen venire non posset; nemo enim committeret. Nunc est eius

mehreren anderen, in denen kein neues Recht für das Volk eingeführt, sondern nur bestimmt wird, daß die Untersuchung einer Handlungsweise, die immer schändlich war, von einem bestimmten Zeitpunkt an dem Volk[138] zukommen solle. (109) Doch was das bürgerliche Recht betrifft, wer da etwas Neues einführt, wird der nicht alle früheren Bestimmungen als weiterhin gültig bestehen lassen? Nimm meinetwegen das Atinische, das Furische, das Fusische Gesetz,[139] dazu, wie gesagt, das Voconische selbst, außerdem alle, die es mit dem bürgerlichen Recht zu tun haben: du wirst finden, daß in allen nur das als Recht festgesetzt ist, was *nach* der Verkündigung des Gesetzes für das Volk in Geltung sein soll. Wer dem prätorischen Edikt einen sehr hohen Wert beilegt, nennt es ein Jahresgesetz; du aber willst mit dem Edikt weiter ausgreifen als mit einem Gesetz.[140] Wenn die Geltungsdauer des prätorischen Ediktes am 1. Januar endet, warum beginnt dann nicht seine Gültigkeit auch am 1. Januar? Oder soll sich niemand in seinem Edikt einen Vorgriff auf das Jahr erlauben dürfen, in dem ein anderer Prätor sein wird, darf er dagegen auf das Jahr zurückgreifen, in dem ein anderer Prätor war? (110) Und wenn du diese Verordnung um des Rechtes willen, nicht eines einzelnen Menschen wegen erlassen hättest, so würdest du sie vorsichtiger abgefaßt haben. **43** Du schreibst: »Wer jemanden zum Erben eingesetzt hat bzw. einsetzen wird.« Was, wenn jemand mehr an Vermächtnissen ausgesetzt hat, als an den oder die Erben fällt? Das ist nach dem Voconischen Gesetze dem erlaubt, der nicht mit seinem Vermögen veranlagt ist; warum triffst du für diesen Fall, der doch auf derselben Linie liegt, keine Vorkehrung? Weil deine Worte sich nicht mit einem allgemeinen Sachverhalt, sondern nur mit einem Einzelfall befassen, so daß mühelos zu erkennen ist, du hast dich durch die Belohnung, nicht durch ein Rechtsempfinden leiten lassen.[141] Und wenn du diese Verfügung nur für die Zukunft getroffen hättest, so wäre sie zwar weniger scheußlich, aber sie wäre doch unbillig; freilich könnte man sie dann noch tadeln, aber nicht in Frage stellen; niemand würde nämlich dagegen verstoßen. Jetzt aber ist die

modi edictum ut quivis intellegat non populo esse scriptum, sed P. Anni secundis heredibus. (111) Itaque cum abs te caput illud tam multis verbis mercennarioque prooemio esset ornatum, ecquis inventus est postea praetor qui idem illud ediceret? Non modo nemo edixit, sed ne metuit quidem quisquam ne quis ediceret. Nam post te praetorem multi in isdem causis fuerunt; in his nuper Annaea de multorum propinquorum sententia, pecuniosa mulier, quod censa non erat, testamento fecit heredem filiam. Iam hoc magnum iudicium hominum de istius singulari improbitate, quod C. Verres sua sponte instituisset, id neminem metuisse ne quis reperiretur qui istius institutum sequi vellet; solus enim tu inventus es cui satis non fuerit corrigere testamenta vivorum, nisi etiam rescinderes mortuorum. (112) Tu ipse ex Siciliensi edicto hoc sustulisti; voluisti, ex improviso si quae res nata esset, ex urbano edicto decernere. Quam postea tu tibi defensionem relinquebas, in ea maxime offendisti, cum tuam auctoritatem tute ipse edicto provinciali repudiabas.

44 Atque ego non dubito quin, ut mihi, cui mea filia maxime cordi est, res haec acerba videtur atque indigna, sic uni cuique vestrum, qui simili sensu atque indulgentia filiarum commovemini. Quid enim natura nobis iucundius, quid carius esse voluit? quid est dignius in quo omnis nostra diligentia indulgentiaque consumatur? (113) Homo importunissime, cur tantam iniuriam P. Annio mortuo fecisti? cur hunc dolorem cineri eius atque ossibus inussisti, ut liberis eius bona patria –

Verfügung so, daß jeder erkennt: sie wurde nicht für das Volk, sondern für die Ersatzerben des P. Annius abgefaßt. (111) Obwohl du nun diesen Abschnitt mit so vielen Worten und mit einer für Lohn verfertigten Einleitung ausgeschmückt hast: hat sich danach irgendein Prätor gefunden, der dasselbe angeordnet hätte? Nicht nur hat es niemand angeordnet, sondern man fürchtete nicht einmal, daß jemand es anordnen könnte. Denn nach deiner Prätur haben sich viele in der gleichen Lage befunden. Unter ihnen hat erst jüngst Annaea, eine wohlhabende Frau – sie war nämlich mit ihrem Vermögen nicht veranlagt – auf den Vorschlag vieler Verwandter in ihrem Testament ihre Tochter zur Erbin eingesetzt. Schon das ist ein schwerwiegendes Urteil, das die Welt über die beispiellose Gewissenlosigkeit des Verres gefällt hat: niemand fürchtete, es möchte sich jemand finden, der bereit sei, die Verordnung nachzuahmen, die Verres nach eigenem Gutdünken erlassen hatte. Denn du hast dich als der einzige erwiesen, dem es nicht genügte, an den Testamenten von Lebenden Verbesserungen vorzunehmen; nein, du hast auch die von Verstorbenen für ungültig erklärt. (112) Du selbst hast diesen Punkt in deinem sizilischen Edikt[142] weggelassen; du wolltest, wenn unvorhergesehen ein Fall vorkommen sollte, nach dem städtischen Edikt[143] entscheiden. Der Rechtfertigung, die du dir für später aufspartest, hast du dadurch am meisten geschadet, daß du selbst deine frühere Bestimmung in deinem Provinzialedikt verwarfst.[144]

44 Mir, der ich meine Tochter besonders ins Herz geschlossen habe, erscheint dieser Vorgang grausam und empörend, und ich zweifle nicht daran, daß er auch jedem anderen von euch so erscheint, die ihr das gleiche Gefühl und die gleiche Liebe für eure Töchter empfindet. Denn was sollte uns nach dem Willen der Natur erfreulicher, was uns teurer sein? Was verdient mehr, daß wir alle unsere Aufmerksamkeit und Liebe darauf verwenden? (113) Du rücksichtsloser Mensch, warum hast du dem verstorbenen P. Annius ein solches Unrecht angetan? Warum hast du seiner Asche und seinen Gebeinen diesen Schmerz zugefügt, daß du seinen Kindern

voluntate patris, iure, legibus tradita – eriperes, et cui tibi esset commodum condonares? Quibuscum vivi bona nostra partimur, iis praetor adimere nobis mortuis bona fortunasque poterit? NEC PETITIONEM, inquit, NEC POSSESSIONEM DABO. Eripies igitur pupillae togam praetextam, detrahes ornamenta non solum fortunae sed etiam ingenuitatis? Miramur ad arma contra istum hominem Lampsacenos isse, miramur istum de provincia decedentem clam Syracusis profugisse? Nos si alienam vicem pro nostra iniuria doleremus, vestigium istius in foro nullum esset relictum. (114) Pater dat filiae, prohibes; leges sinunt, tamen te interponis! De suis bonis ita dat ut ab iure non abeat; quid habes quod reprehendas? Nihil, opinor. At ego concedo; prohibe, si potes, si habes qui te audiat, si potest tibi dicto audiens esse quisquam. Eripias tu voluntatem mortuis, bona vivis, ius omnibus? Hoc populus Romanus non manu vindicasset, nisi te huic tempori atque huic iudicio reservasset?

Posteaquam ius praetorium constitutum est, semper hoc iure usi sumus: si tabulae testamenti non proferrentur, tum *ut*, uti quemque potissimum heredem esse oporteret, si is intestatus mortuus esset, ita secundum eum possessio daretur. Quare hoc sit aequissimum facile est dicere, sed in re tam usitata satis est ostendere omnis antea ius ita dixisse, et hoc vetus edictum translaticiumque esse. **45** (115) Cognoscite hominis aliud in re vetere edictum novum, et simul, dum est

das väterliche Hab und Gut entrissest, das nach dem Willen des Vaters, nach dem Recht und den Gesetzen ihnen vermacht war, und es nach deinem Gefallen einem anderen schenktest? Mit denen wir in unserem Leben unser Hab und Gut teilen, denen sollte der Prätor, wenn wir gestorben sind, Gut und Vermögen wegnehmen können? »Ich werde weder die Klage auf Herausgabe«, sagt Verres, »noch den Besitz gestatten.« Du willst also dem verwaisten Mädchen die Purpurtoga entreißen, willst ihr nicht nur den Schmuck des Wohlstandes, sondern auch den der freien Geburt entziehen.[145] Wundern wir uns da, daß die Lampsakener gegen diesen Menschen zu den Waffen gegriffen haben, wundern wir uns da, daß er bei seinem Weggang aus der Provinz heimlich aus Syrakus geflüchtet ist? Wenn wir fremdes Schicksal ebenso schmerzlich empfänden wie uns selbst angetanes Unrecht, dann wäre keine Spur von ihm auf dem Forum zurückgeblieben. (114) Der Vater bedenkt die Tochter, du verhinderst es; die Gesetze lassen es zu, doch du legst dich quer. Er gibt von seinem Vermögen so, daß er nicht vom Recht abweicht: was hast du dagegen einzuwenden? Nichts, meine ich. Doch ich will es hingehen lassen: verhindere es, wenn du kannst, wenn du einen hast, der auf dich hört, wenn dir jemand aufs Wort zu gehorchen vermag. Du willst den Toten den letzten Willen entreißen, den Lebenden das Hab und Gut, allen das Recht? Und das hätte das römische Volk nicht tätlich geahndet, wenn es dich nicht für diesen Zeitpunkt und dieses Gerichtsverfahren aufgespart hätte?
Seitdem das prätorische Recht eingeführt ist, haben wir uns stets an diese Regel gehalten: wenn keine Testamentsurkunde vorgelegt wird, soll der Besitz, falls der Erblasser ohne Testament gestorben ist, dem zugesprochen werden, der jeweils den besten Anspruch auf die Erbschaft hat. Weshalb dies am gerechtesten ist, läßt sich leicht erklären, doch bei einer so üblichen Sache genügt es zu zeigen, daß früher alle rechtlich so entschieden haben und daß dies eine alte und hergebrachte Vorschrift ist.[146] **45** (115) Hört jetzt von einer anderen neuen Verordnung des Menschen für einen alten Sachverhalt und

unde ius civile discatur, adulescentis in disciplinam ei tradite: mirum est hominis ingenium, mira prudentia. Minucius quidam mortuus est ante istum praetorem; eius testamentum erat nullum; lege hereditas ad gentem Minuciam veniebat. Si habuisset iste edictum, quod ante istum et postea omnes habuerunt, possessio Minuciae genti esset data: si quis testamento se heredem esse arbitraretur quod tum non exstaret, lege ageret in hereditatem, aut, pro praede litis vindiciarum cum satis accepisset, sponsionem faceret et ita de hereditate certaret. Hoc, opinor, iure et maiores nostri et nos semper usi sumus. Videte ut hoc iste correxerit. (116) Componit edictum his verbis ut quivis intellegere possit unius hominis causa conscriptum esse, tantum quod hominem non nominat; causam quidem totam perscribit, ius, consuetudinem, aequitatem, edicta omnium neglegit. EX EDICTO URBANO. SI DE HEREDITATE AMBIGITUR – – SI POSSESSOR SPONSIONEM NON FACIET. Iam quid id ad praetorem, uter possessor sit? nonne id quaeri oportet, utrum possessorem esse oporteat? Ergo, quia possessor est, non moves possessione: si possessor non esset, non dares? Nusquam enim scribis, neque tu aliud quicquam edicto amplecteris nisi eam causam pro qua pecuniam acceperas. (117) Iam hoc ridiculum est: SI DE HEREDITATE AMBIGETUR ET TABULAE TESTAMENTI OBSIGNATAE NON MINUS MULTIS SIGNIS QUAM E LEGE OPORTET AD ME PROFERENTUR, SECUNDUM TABULAS TESTAMENTI POTISSIMUM POSSESSIONEM DABO. Hoc translaticium est: sequi illud oportet, SI TABULAE

schickt zugleich, bis es eine Einrichtung gibt, wo man das bürgerliche Recht lernen kann, die jungen Leute zu ihm in die Schule.[147] Erstaunlich ist seine Begabung, erstaunlich seine Klugheit. Ein gewisser Minucius starb vor der Prätur des Verres; ein Testament von ihm gab es nicht; nach dem Gesetz fiel die Erbschaft an das minucische Geschlecht.[148] Wenn er sich an das Edikt gehalten hätte, an das sich vor und nach ihm alle gehalten haben, wäre der Besitz dem minucischen Geschlecht zugesprochen worden. Wenn jemand aufgrund eines Testamentes, das zu gegebener Zeit nicht vorhanden war, sich für erbberechtigt halten sollte, dann würde er mit der üblichen Gesetzesformel seinen Anspruch auf die Erbschaft geltend machen oder, nachdem er für die Streitsache eine ausreichende Sicherheit erhalten hätte, einen Prozeßvertrag abschließen und so um die Erbschaft streiten.[149] An dieses Rechtsverfahren, meine ich, haben unsere Vorfahren und wir uns immer gehalten. Seht, wie Verres hieran gebessert hat. (116) Er faßt seine Verordnung in Worten ab, daß jeder erkennen kann: sie ist wegen eines einzelnen Menschen entworfen worden, nur daß er den Namen nicht nennt; er beschreibt freilich den ganzen Sachverhalt, mißachtet aber Recht und Gewohnheit, Billigkeit und die Edikte aller anderen. – Aus dem Stadtedikt: »Wenn um eine Erbschaft gestritten wird ... wenn der Besitzer keinen Prozeßvertrag abschließt.« – Doch was geht es schon den Prätor an, wer von beiden der Besitzer *ist*? Muß man nicht danach fragen, wer Besitzer sein sollte? Also weil er Besitzer ist, entfernst du ihn nicht aus dem Besitz; wenn er aber nicht Besitzer wäre, dann würdest du ihm den Besitz nicht zusprechen? Denn darüber schreibst du nirgends etwas, und du beachtest nichts anderes in deiner Verordnung als den Sachverhalt, für den du Geld erhalten hast. (117) Das Folgende ist vollends lächerlich: »Wenn um eine Erbschaft gestritten wird und mir eine Testamentsurkunde vorgelegt wird, die mit nicht weniger Siegeln versiegelt ist, als es nach dem Gesetz erforderlich ist, dann werde ich den Besitz vorzugsweise gemäß der Testamentsurkunde zusprechen.« Das ist üblich; es muß jedoch folgen:

TESTAMENTI NON PROFERENTUR. Quid ait? se ei daturum qui se dicat heredem esse. Quid ergo interest proferantur necne? Si protulerit, uno signo ut sit minus quam ex lege oportet, non des possessionem: si omnino tabulas non proferet, dabis? Quid nunc dicam? neminem umquam hoc postea alium edixisse? valde sit mirum neminem fuisse qui istius se similem dici vellet. Ipse in Siciliensi edicto hoc non habet; exegerat enim iam mercedem; item ut illo edicto de quo ante dixi, in Sicilia de hereditatum possessionibus dandis edixit idem quod omnes Romae praeter istum. EX EDICTO SICILIENSI. SI DE HEREDITATE AMBIGITUR –.

46 (118) Ac per deos immortalis! quid est quod de hoc dici possit? Iterum enim iam quaero abs te, sicut modo in illo capite Anniano de mulierum hereditatibus, nunc in hoc de hereditatum possessionibus, cur ea capita in edictum provinciale transferre nolueris. Utrum digniores homines existimasti eos qui habitant in provincia quam nos qui aequo iure uteremur, an aliud Romae aequum est, aliud in Sicilia? Non enim hoc potest hoc loco dici, multa esse in provinciis aliter edicenda; non de hereditatum quidem possessionibus, non de mulierum hereditatibus. Nam in utroque genere video non modo ceteros, sed te ipsum totidem verbis edixisse quot verbis edici Romae solet. Quae Romae magna cum infamia pretio accepto edixeras, ea sola te, ne gratis in provincia male audires, ex edicto Siciliensi sustulisse video.

»Wenn keine Testamentsurkunde vorgelegt wird« – was sagt er dann? Er werde den Besitz dem zusprechen, der Erbe zu sein behaupte.[150] Was kommt es also darauf an, ob eine Testamentsurkunde vorgelegt wird oder nicht? Wenn jemand eine vorlegt, mit einem Siegel weniger als nach dem Gesetz erforderlich,[151] dann sprichst du ihm den Besitz nicht zu; wenn er aber überhaupt keine Urkunde vorlegt, dann willst du ihm den Besitz zusprechen? Was soll ich jetzt sagen: daß nach ihm kein anderer jemals eine solche Verordnung erlassen habe? Das wäre allerdings sehr erstaunlich, daß es niemanden gegeben hat, der ein Ebenbild des Verres genannt werden wollte. Er selbst hat diese Verordnung nicht in seinem sizilischen Edikt; er hatte den Lohn ja schon eingestrichen; ebenso, wie bei der Verfügung, über die ich soeben gesprochen habe, hat er über die Besitzzuweisung von Erbschaften in Sizilien dasselbe verordnet, wie in Rom alle außer ihm. – Aus dem sizilischen Edikt: »Wenn um eine Erbschaft gestritten wird ...« –

46 (118) Doch bei den unsterblichen Göttern! Was kann man hierüber sagen? Denn wiederum frage ich dich nun, wie eben bei dem Annius-Abschnitt über das Erbrecht der Frauen, so jetzt bei diesem über den Erbschaftsbesitz, warum du diese Abschnitte nicht in das Provinzialedikt hast übertragen wollen. Hieltest du die Provinzbewohner für würdiger als uns, sich gerechter Rechtsbestimmungen zu erfreuen, oder ist in Rom etwas anderes gerecht als in Sizilien? Denn das kann man hier nicht vorbringen, in den Provinzen müsse vieles anders geregelt werden, jedenfalls nicht beim Erbschaftsbesitz und beim Erbrecht der Frauen. Denn in beiderlei Hinsicht haben, wie ich sehe, nicht nur die anderen, sondern auch du selbst mit ebenso vielen Worten ihre Verordnungen erlassen, wie man sie in Rom zu erlassen pflegt. Was du in Rom zu deiner großen Schande gegen Entgelt verfügt hattest, das allein hast du, wie ich sehe, aus deinem sizilischen Edikt entfernt, um nicht, ohne dafür bezahlt zu werden, in der Provinz in einen schlechten Ruf zu kommen.

(119) Et cum edictum totum eorum arbitratu, quam diu fuit designatus, componeret qui ab isto ius ad utilitatem suam nundinarentur, tum vero in magistratu contra illud ipsum edictum suum sine ulla religione decernebat. Itaque L. Piso multos codices implevit earum rerum in quibus ita intercessit, quod iste aliter atque ut edixerat decrevisset; quod vos oblitos esse non arbitror, quae multitudo, qui ordo ad Pisonis sellam isto praetore solitus sit convenire; quem iste conlegam nisi habuisset, lapidibus coopertus esset in foro. Sed eo leviores istius iniuriae videbantur quod erat in aequitate prudentiaque Pisonis paratissimum perfugium, quo sine labore, sine molestia, sine impensa, etiam sine patrono homines uterentur. (120) Nam, quaeso, redite in memoriam, iudices, quae libido istius in iure dicundo fuerit, quae varietas decretorum, quae nundinatio, quam inanes domus eorum omnium qui de iure civili consuli solent, quam plena ac referta Chelidonis; a qua muliere cum erat ad eum ventum et in aurem eius insusurratum, alias revocabat eos inter quos iam decreverat, decretumque mutabat, alias inter aliquos contrarium sine ulla religione decernebat ac proxumis paulo ante decreverat. (121) Hinc illi homines erant qui etiam ridiculi inveniebantur ex dolore; quorum alii, id quod saepe audistis, negabant mirandum esse ius tam nequam esse verrinum; alii etiam frigidiores erant, sed quia stomachabantur ridiculi videbantur esse, cum Sacerdotem exsecrabantur qui verrem tam nequam reliquisset. Quae ego non commemorarem, – neque enim perfacete dicta neque

(119) Und er hat nicht nur als künftiger Prätor sein ganzes Edikt nach dem Ermessen derer abgefaßt, die sich von ihm das Recht zu ihrem eigenen Nutzen erkauften, sondern er entschied sogar während seiner Amtszeit ohne die geringsten Gewissensskrupel gegen sein eigenes Edikt. Deshalb hat L. Piso viele Hefte mit solchen Fällen angefüllt, in denen er unter diesen Umständen gegen Verres Einspruch einlegte, weil dieser anders entschieden hatte, als er in seinem Edikt verfügt hatte.[152] Noch, glaube ich, habt ihr nicht vergessen, wieviel Leute, welche Männer von Stand sich während der Prätur des Verres vor Pisos Richterstuhl einzufinden pflegten. Wenn Verres nicht diesen Mann als Amtsgenossen gehabt hätte, er wäre auf dem Forum gesteinigt worden. Doch seine rechtswidrigen Handlungen schienen deshalb erträglicher, weil in dem Gerechtigkeitssinn und der Einsicht Pisos eine stets gangbare Zuflucht gegeben war, die die Leute ohne Mühe, ohne Schwierigkeit, ohne Kosten, ja sogar ohne Anwalt in Anspruch nehmen konnten. (120) Denn erinnert euch bitte, ihr Richter, welche Willkür Verres in seiner Rechtsprechung bewiesen hat, wie wechselhaft seine Entscheidungen gewesen sind, welchen Schacher er damit trieb, wie leer die Häuser aller derer waren, die man in Fragen des bürgerlichen Rechts zu Rate zu ziehen pflegt, und wie gedrängt voll das Haus der Chelidon. Wenn man von dieser Frau zu ihm kam und ihm etwas ins Ohr flüsterte, dann rief er bald die wieder zurück, für die er sich schon entschieden hatte, und änderte seine Entscheidung, bald verfügte er bei anderen ohne die geringsten Gewissensskrupel das Gegenteil von dem, was er kurz zuvor bei den Vorhergehenden verfügt hatte. (121) Daher gab es denn Leute, die sich in ihrer Erbitterung sogar noch als witzig erwiesen. Einige von ihnen erklärten, was ihr wohl oft gehört habt, man dürfe sich nicht wundern, daß das Ebergericht[153] nichts tauge; andere waren noch frostiger, aber gerade ihr Unmut war es, der Lachen erregte: sie verwünschten den Sacerdos, da er ein so nichtsnutziges Schwein am Leben gelassen habe.[154] Ich würde dies nicht erwähnen – denn weder sind diese Aussprüche besonders

porro hac severitate digna sunt, – nisi vos illud vellem recordari, istius nequitiam et iniquitatem tum in ore vulgi atque in communibus proverbiis esse versatam.

47 (122) In plebem vero Romanam utrum superbiam prius commemorem an crudelitatem? Sine dubio crudelitas gravior est atque atrocior. Oblitosne igitur hos putatis esse quem ad modum sit iste solitus virgis plebem Romanam concidere? Quam rem etiam tribunus plebis in contione egit, cum eum quem iste virgis ceciderat in conspectum populi Romani produxit; cuius rei recognoscendae faciam vobis suo tempore potestatem. (123) Superbia vero quae fuerit quis ignorat? quem ad modum iste tenuissimum quemque contempserit, despexerit, liberum esse numquam duxerit? P. Trebonius viros bonos et honestos compluris fecit heredes; in iis fecit suum libertum. Is A. Trebonium fratrem habuerat proscriptum. Ei cum cautum vellet, scripsit ut heredes iurarent se curaturos ut ex sua cuiusque parte ne minus dimidium ad A. Trebonium illum proscriptum perveniret. Libertus iurat; ceteri heredes adeunt ad Verrem, docent non oportere se id iurare facturos esse quod contra legem Corneliam esset, quae proscriptum iuvari vetaret; impetrant ut ne iurent; dat his possessionem. Id ego non reprehendo; etenim erat iniquum homini proscripto egenti de fraternis bonis quicquam dari. Libertus, nisi ex testamento patroni iurasset, scelus se facturum arbitrabatur; (124) itaque ei Verres possessionem here-

witzig noch sind sie darüber hinaus dem hier angebrachten Ernst angemessen –, wenn ich euch nicht ins Gedächtnis zurückrufen wollte, daß die Nichtswürdigkeit und Ungerechtigkeit des Verres damals in aller Munde war und in allgemein verbreiteten Sprüchen unter die Leute gebracht wurde.

47 (122) Was nun gar sein Verhalten gegen das einfache Volk von Rom betrifft: soll ich da zuerst seinen Hochmut oder seine Grausamkeit erwähnen? Ohne Zweifel ist die Grausamkeit schlimmer und abscheulicher. Glaubt ihr denn, die Richter hier hätten vergessen, wie Verres auf das einfache Volk von Rom mit Ruten einzuschlagen pflegte?[155] Dies hat auch ein Volkstribun in einer Versammlung zur Sprache gebracht, indem er dem römischen Volke einen Mann vor Augen führte, den Verres mit Ruten geschlagen hatte. Ich werde euch zur rechten Zeit die Möglichkeit verschaffen, euch das wieder zu vergegenwärtigen. (123) Wie groß aber sein Hochmut war, wer wüßte das nicht? Wie er alle Leute niederen Standes verachtete, auf sie herabsah und sie niemals als freie Menschen betrachtete? P. Trebonius setzte mehrere rechtschaffene und ehrenwerte Männer zu Erben ein, darunter auch seinen Freigelassenen. Er hatte einen Bruder, A. Trebonius, der geächtet war. Da er für diesen gesorgt wissen wollte, legte er schriftlich fest, die Erben sollten unter Eid versprechen, von ihrem Anteil jeweils nicht weniger als die Hälfte dem geächteten Bruder A. Trebonius zukommen zu lassen. Der Freigelassene gibt das eidliche Versprechen. Die übrigen Erben treten an Verres heran; sie erklären, sie dürften sich nicht eidlich binden, etwas zu tun, was gegen das Cornelische Gesetz[156] verstoße, das verbiete, einen Geächteten zu unterstützen. Sie erreichen, daß sie keinen Eid zu leisten brauchen; Verres spricht ihnen den Besitz zu. Das tadele ich nicht; denn es war rechtswidrig, einem bedürftigen Geächteten etwas von dem Vermögen des Bruders zu geben. Der Freigelassene aber glaubte, ein Verbrechen zu begehen, wenn er nicht, wie es das Testament seines Herrn[157] anordnete, den Eid leiste. (124) So erklärt denn Verres, er werde ihm den Besitz der Erbschaft

ditatis negat se daturum, ne posset patronum suum proscriptum iuvare, simul ut esset poena quod alterius patroni testamento obtemperasset. Das possessionem ei qui non iuravit; concedo; praetorium est. Adimis tu ei qui iuravit; quo exemplo? Proscriptum iuvat; lex est, poena est. Quid ad eum qui ius dicit? utrum reprehendis quod patronum iuvabat eum qui tum in miseriis erat, an quod alterius patroni mortui voluntatem conservabat, a quo summum beneficium acceperat? Utrum horum reprehendis? Et hoc tum de sella vir optimus dixit: 'Equiti Romano tam locupleti libertinus homo sit heres!' O modestum ordinem, quod illinc vivus surrexerit! (125) Possum sescenta decreta proferre in quibus, ut ego non dicam, pecuniam intercessisse ipsa decretorum novitas iniquitasque declarat; verum ut ex uno de ceteris coniecturam facere possitis, id quod priore actione didicistis, audite.

48 C. Sulpicius Olympus fuit; is mortuus est C. Sacerdote praetore, nescio an antequam Verres praeturam petere coeperit; fecit heredem M. Octavium Ligurem. Ligus hereditatem adiit; possedit Sacerdote praetore sine ulla controversia. Posteaquam Verres magistratum iniit, ex edicto istius, quod edictum Sacerdos non habuerat, Sulpici patroni filia sextam partem hereditatis ab Ligure petere coepit. Ligus non aderat. L. frater eius causam agebat; aderant amici, propinqui. Dicebat iste, nisi cum muliere decideretur, in possessionem se ire iussurum. L. Gellius causam Liguris defendebat; docebat

nicht zuerkennen, damit er seinen geächteten Herrn nicht unterstützen könne; und zugleich wolle er ihn dafür bestrafen, daß er dem Testament seines anderen Herrn Folge geleistet habe. Du sprichst den Besitz dem zu, der den Eid nicht geleistet hat; ich lasse es gelten; das gehört zur Amtspflicht des Prätors. Du nimmst ihn dem weg, der den Eid geleistet hat; nach welchem Vorbild? »Er unterstützt einen Geächteten, darüber gibt es ein Gesetz, darauf steht Strafe.« Was geht das den an, der Recht spricht?[158] Tadelst du, daß er den Herrn unterstützen wollte, der damals im Elend lebte, oder daß er den Willen seines anderen Herrn, des Verstorbenen, achtete, von dem er die größte Wohltat empfangen hatte? Welche dieser beiden Verhaltensweisen tadelst du? Zudem hat damals der feine Mann von seinem Richterstuhle herab erklärt: »Ein Freigelassener soll der Erbe eines römischen Ritters, eines so reichen Mannes sein!?« Wie sanftmütig war doch dieser Stand[159], daß man ihn sich lebend von dort erheben ließ.

(125) Ich könnte unzählige Entscheidungen vorbringen, bei denen allein ihre Neuheit und Unbilligkeit deutlich zeigt, daß Geld im Spiele gewesen ist, auch wenn ich es nicht eigens sage. Doch damit ihr von einer Entscheidung auf die übrigen schließen könnt, hört, was ihr schon in der ersten Verhandlung kennengelernt habt. **48** Es gab da einen gewissen C. Sulpicius Olympus. Der starb während der Prätur des C. Sacerdos, möglicherweise schon, bevor Verres sich um die Prätur zu bewerben begann. Er setzte den M. Octavius Ligus zum Erben ein. Ligus trat die Erbschaft an, und er verfügte, solange Sacerdos Prätor war, über den unbestrittenen Besitz daran. Nachdem Verres sein Amt angetreten hatte, unternahm es die Tochter des Schutzherrn von Sulpicius aufgrund einer Verfügung des Verres, die Sacerdos nicht gehabt hatte, den sechsten Teil der Erbschaft von Ligus einzuklagen.[160] Ligus war nicht anwesend. Sein Bruder Lucius vertrat seine Sache; Freunde und Verwandte waren zugegen. Verres erklärte: wenn es zu keinem Vergleich mit der Frau komme, werde er sie in den Besitz einweisen. L. Gellius[161] verfocht

edictum eius non oportere in eas hereditates valere quae ante eum praetorem venissent; si hoc tum fuisset edictum, fortasse Ligurem hereditatem aditurum non fuisse. Aequa postulatio, summa hominum auctoritas pretio superabatur. (126) Venit Romam Ligus; non dubitabat quin, si ipse Verrem convenisset, aequitate causae, auctoritate sua commovere hominem posset. Domum ad eum venit, rem demonstrat, quam pridem sibi hereditas venisset docet; quod facile homini ingenioso in causa aequissima fuit, multa quae quemvis commovere possent dixit; ad extremum petere coepit ne usque eo suam auctoritatem despiceret gratiamque contemneret ut se tanta iniuria adficeret. Homo Ligurem accusare coepit, qui in re adventicia atque hereditaria tam diligens, tam attentus esset; debere eum aiebat suam quoque rationem ducere; multa sibi opus esse, multa canibus suis, quos circa se haberet. Non possum illa planius commemorare quam ipsum Ligurem pro testimonio dicere audistis. (127) Quid est, Verres? utrum ne his quidem testibus credetur, an haec ad rem non pertinent? non credemus M. Octavio, non L. Liguri? quis nobis credet, cui nos? quid est quod planum fieri testibus possit, si hoc non fit? An id quod dicunt leve est? Nihil levius quam praetorem urbanum hoc iuris in suo magistratu constituere, omnibus quibus hereditas venerit coheredem praetorem esse oportere. An vero dubitamus quo ore iste ceteros homines inferiores loco, auctoritate, ordine, quo ore homines rusticanos ex municipiis, quo denique ore, quos numquam liberos putavit, libertinos homines solitus sit appellare, qui ob ius dicendum M.

die Sache des Ligus; er führte aus, daß Verres' Verfügung nicht für Erbfälle gelten dürfe, die vor seiner Prätur angefallen seien; wenn diese Verfügung schon damals bestanden hätte, so hätte Ligus vielleicht die Erbschaft gar nicht angetreten. Das billige Verlangen, das große Gewicht der angesehenen Männer wurde durch den Lohn überwältigt. (126) Ligus kam nach Rom; er zweifelte nicht daran, daß er, wenn er persönlich mit Verres zusammenkäme, den Mann durch die Rechtmäßigkeit seiner Sache und das Gewicht seiner Argumente umstimmen könne. Er kommt zu ihm ins Haus, legt den Sachverhalt dar, unterrichtet ihn, vor wie langer Zeit ihm die Erbschaft schon zugefallen sei. Das war für einen gewitzten Menschen bei einer so gerechten Sache ein Leichtes, und er führte vieles an, was jeden beeindrucken konnte. Zuletzt bat er ihn noch, er möge doch sein Ansehen nicht so sehr unterschätzen und seine Gunst nicht so sehr verachten, daß er ihm ein solches Unrecht antue. Da begann dieser Mensch dem Ligus Vorhaltungen zu machen, daß er bei einem ihm zufällig durch Erbschaft zugefallenen Vermögen so genau, so auf seinen Vorteil bedacht sei. Er müsse, sagte er, auch auf ihn Rücksicht nehmen; er brauche viel für sich, viel für seine Hunde[162], die er um sich habe. Ich kann das nicht deutlicher darstellen als Ligus selbst, wie ihr ihn im Zeugenverhör habt aussagen hören. (127) Wie ist es, Verres? Soll man auch diesen Zeugen nicht glauben, oder gehört das nicht zur Sache? Sollen wir dem M. Octavius, dem L. Ligus keinen Glauben schenken? Wer soll uns noch glauben, wem wir? Was läßt sich noch durch Zeugen beweisen, wenn dies nicht als bewiesen gilt? Oder ist das, was sie sagen, unerheblich? Gewiß ist nichts unerheblicher, als wenn ein Stadtprätor in seinem Amte den Rechtsanspruch erhebt, bei allen, denen eine Erbschaft zufalle, müsse der Prätor Miterbe sein. Zweifeln wir etwa wirklich noch, in welchem Ton Verres alle anderen Menschen von geringerem Rang, Ansehen und Stand, in welchem Ton er endlich diejenigen, die er niemals für frei gehalten hat, die Freigelassenen anzufahren pflegte – er, der kein Bedenken trug, für seine Rechtsprechung von einem M. Octavius

Octavium Ligurem, hominem ornatissimum loco, ordine, nomine, virtute, ingenio, copiis, poscere pecuniam non dubitavit?

49 In sartis tectis vero quem ad modum se gesserit quid ego dicam? Dixerunt qui senserunt; sunt alii qui dicant; (128) notae res ac manifestae prolatae sunt et proferentur. Dixit Cn. Fannius, eques Romanus, frater germanus Q. Titini, iudicis tui, tibi pecuniam se dedisse. RECITA. CN. FANNI TESTIMONIUM. Nolite Cn. Fannio dicenti credere, noli, inquam, tu, Q. Titini, Cn. Fannio, fratri tuo, credere; dicit enim rem incredibilem; C. Verrem insimulat avaritiae et audaciae, quae vitia videntur in quemvis potius quam in istum convenire. Dixit Q. Tadius, homo familiarissimus patris istius, non alienus a matris eius genere et nomine; tabulas protulit, quibus pecuniam se dedisse ostendit. RECITA. NOMINA Q. TADI. TESTIMONIUM Q. TADI. Ne Tadi quidem tabulis nec testimonio credemus? Quid igitur in iudiciis sequemur? Quid est aliud omnibus omnia peccata et maleficia concedere nisi hoc, hominum honestorum testimoniis et virorum bonorum tabulis non credere?

(129) Nam quid ego de cotidiano sermone querimoniaque populi Romani loquar, de istius impudentissimo furto seu potius novo ac singulari latrocinio? ausum esse in aede Castoris, celeberrimo clarissimoque monumento – quod templum in oculis cotidianoque aspectu populi Romani positum est, quo saepe numero senatus convocatur, quo maximarum rerum frequentissimae cotidie advocationes fiunt – in eo loco

Ligus, einem durch Herkunft, Stand, Namen, Tüchtigkeit, Verstand und Vermögen ausgezeichneten Manne, Geld zu fordern?

49 Doch wie er sich bei der Restaurierung der Gebäude benommen hat, was soll ich darüber sagen? Darüber haben die gesprochen, die es erlebten, und es gibt noch andere, die dazu etwas sagen können. (128) Bekannte und mit Händen zu greifende Vorfälle wurden vorgebracht und werden noch vorgebracht werden. Cn. Fannius, ein römischer Ritter, der leibliche Bruder deines Richters Q. Titinius[163], hat ausgesagt, er habe dir Geld gegeben. Lies vor. – Die Zeugenaussage des Cn. Fannius. – Glaubt der Aussage des Cn. Fannius nicht, glaube du, Q. Titinius, wiederhole ich, nicht dem Cn. Fannius, deinem Bruder. Er behauptet ja etwas Unglaubliches: er beschuldigt C. Verres der Habgier und Skrupellosigkeit – Laster, die offensichtlich eher zu jedem anderen als zu ihm passen. Q. Tadius war eng befreundet mit dem Vater des Verres und stand nach Herkunft und Namen dessen Mutter nicht fern; er hat ausgesagt und Bücher vorgewiesen, mit denen er dartun konnte, daß er dem Verres Geld gegeben habe. Lies vor. – Die Posten des Q. Tadius. Die Zeugenaussage des Q. Tadius. – Wollen wir nicht einmal den Büchern und der Zeugenaussage des Tadius glauben? Woran sollen wir uns denn bei Gerichtsentscheidungen noch halten? Was anderes bedeutet es, als allen alle Verfehlungen und Übeltaten zu gestatten, wenn man den Zeugenaussagen ehrenwerter Menschen und den Büchern zuverlässiger Männer nicht traut?

(129) Denn was soll ich von dem täglichen Gesprächsstoff und den Klagen des römischen Volkes sagen, von dem schamlosesten Diebstahl dieses Mannes oder vielmehr von seinem neuartigen und beispiellosen Raubzug? Davon, daß er es gewagt hat, im Heiligtum des Kastor[164], dem vielbesuchten und hochberühmten Bauwerk, in dem Tempel, der dem römischen Volk täglich vor Augen steht, in den oft der Senat berufen wird, in den täglich zahlreiche Sachverständige für die wichtigsten Angelegenheiten vorgeladen werden – daß er

in sermone hominum audaciae suae monumentum aeternum relinquere. 50 (130) Aedem Castoris, iudices, P. Iunius habuit tuendam de L. Sulla Q. Metello consulibus. Is mortuus est; reliquit pupillum parvum filium. Cum L. Octavius C. Aurelius consules aedis sacras locavissent neque potuissent omnia sarta tecta exigere, neque ii praetores quibus erat negotium datum, C. Sacerdos et M. Caesius, factum est senatus consultum, quibus de sartis tectis cognitum et iudicatum non esset, uti C. Verres P. Caelius praetores cognoscerent et iudicarent. Qua potestate iste permissa sic abusus est ut ex Cn. Fannio et ex Q. Tadio cognovistis, verum tamen cum esset omnibus in rebus apertissime impudentissimeque praedatus, hoc voluit clarissimum relinquere indicium latrociniorum suorum, de quo non audire aliquando sed videre cotidie possemus. (131) Quaesivit quis aedem Castoris sartam tectam deberet tradere. Iunium ipsum mortuum esse sciebat; scire volebat ad quem illa res pertineret. Audit pupillum esse filium. Homo qui semper ita palam dictitasset, pupillos et pupillas certissimam praedam esse praetoribus, optatum negotium sibi in sinum delatum esse dicebat. Monumentum illa amplitudine, illo opere, quamvis sartum tectum integrumque esset, tamen aliquid se inventurum in quo moliri praedarique posset arbitrabatur. (132) L. Habonio aedem Castoris tradi oportebat: is casu pupilli Iuni tutor erat testamento patris: cum eo sine ullo intertrimento convenerat iam quem ad modum traderetur. Iste ad se Habonium vocat;

es gewagt hat, an dieser Stätte in den Gesprächen der Leute ein ewiges Andenken an seine Frechheit zu hinterlassen?
50 (130) Die bauliche Erhaltung des Kastortempels, ihr Richter, hatte P. Junius von den Konsuln L. Sulla und Q. Metellus[165] übernommen. Der starb und hinterließ einen unmündigen kleinen Sohn. Die Konsuln C. Octavius und C. Aurelius[166] vergaben zwar die Arbeiten an den Heiligtümern; da aber weder sie in der Lage waren, alle Ausbesserungsarbeiten zu überprüfen, noch die Prätoren C. Sacerdos und M. Caesius,[167] denen diese Aufgabe übertragen war, kam ein Senatsbeschluß zustande: die baulichen Ausbesserungsarbeiten, von denen noch keine Überprüfung und Beurteilung vorliege, sollten die Prätoren C. Verres und P. Caelius[168] überprüfen und beurteilen.[169] Diese ihm übertragene Befugnis hat Verres ebenso mißbraucht, wie ihr das schon von Cn. Fannius und Q. Tadius erfahren habt; indes wollte er, obwohl er sich bei allen Gelegenheiten auf die unverhohlenste und unverschämteste Weise bereichert hatte, hier das augenfälligste Zeichen seiner Raubzüge hinterlassen, damit wir nicht nur dann und wann einmal davon hören, sondern es täglich sehen können. (131) Er fragte nach, wer gehalten sei, den ausgebesserten Kastortempel zu übergeben. Daß Junius selbst gestorben war, wußte er; er wollte wissen, an wen diese Aufgabe gefallen sei. Er hörte, da sei ein unmündiger Sohn. Der Mann, der stets unumwunden erklärt hatte, verwaiste Jungen und Mädchen seien die sicherste Beute für Prätoren, äußerte auch jetzt, ihm sei ein willkommenes Geschäft in den Schoß gefallen. An einem Bauwerk von solcher Größe und solchem Arbeitsaufwand glaubte er, auch wenn es in gutem baulichen Zustand und unbeschädigt war, dennoch irgend etwas finden zu können, an dem er den Hebel ansetzen und sich bereichern könne. (132) Der Kastortempel sollte dem L. Habonius übergeben werden.[170] Der war zufällig laut Testament des Vaters Vormund des unmündigen Junius. Mit ihm hatte man sich schon ohne jeden Verlust geeinigt, wie die Übergabe stattfinden sollte. Doch Verres lädt den Habonius zu sich vor; er fragt ihn, ob es noch etwas gebe, das sein

quaerit ecquid sit quod a pupillo traditum non sit, quod exigi debeat. Cum ille, id quod erat, diceret facilem pupillo traditionem esse, signa et dona comparere omnia, ipsum templum omni opere esse integrum, indignum isti videri coepit ex tanta aede tantoque opere se non opimum praeda, praesertim a pupillo, discedere. **51** (133) Venit ipse in aedem Castoris, considerat templum; videt undique tectum pulcherrime laqueatum, praeterea cetera nova atque integra. Versat se; quaerit quid agat. Dicit quidam ex illis canibus quos iste Liguri dixerat esse circa se multos, 'Tu, Verres, hic quod moliare nihil habes, nisi forte vis ad perpendiculum columnas exigere.' Homo omnium rerum imperitus quaerit, quid sit 'ad perpendiculum': dicunt ei fere nullam esse columnam quae ad perpendiculum esse possit. 'Nam mehercule,' inquit, 'sic agamus; columnae ad perpendiculum exigantur.' (134) Habonius, qui legem nosset – qua in lege numerus tantum columnarum traditur, perpendiculi mentio fit nulla – et qui non putaret sibi expedire ita accipere, ne eodem modo tradendum esset, negat id sibi deberi, negat oportere exigi. Iste Habonium quiescere iubet et simul ei non nullam spem societatis ostendit; hominem modestum et minime pertinacem facile coercet; columnas ita se exacturum esse confirmat. (135) Nova res atque improvisa pupilli calamitas nuntiatur statim C. Mustio, vitrico pupilli, qui nuper est mortuus, M. Iunio patruo, P. Titio tutori, homini frugalissimo; hi rem ad virum primarium summo officio ac virtute praeditum, M.

Mündel nicht übergeben habe und das noch geprüft werden müsse. Als Habonius – was der Wahrheit entsprach – erklärte, die Übergabe sei nicht schwierig für sein Mündel, die Statuen und Weihgeschenke seien alle vorhanden, der Tempel selbst überall in gutem Zustande, da wollte es dem Verres schändlich erscheinen, sich von einem so großen Tempel und einem solchen Bauwerk zu trennen, ohne sich durch Beute – und das noch dazu bei einem Mündel! – bereichert zu haben. **51** (133) Er begibt sich selbst zum Kastortempel, er besichtigt das Heiligtum. Er sieht, daß die Decke überall aufs schönste getäfelt und überdies alles andere neu und unbeschädigt ist. Er wendet sich hin und her; er fragt, was er tun solle. Da sagt ihm einer von den Hunden, die er, wie er zu Ligus geäußert hatte,[171] in großer Zahl um sich hatte: »Hier kannst du nichts ausrichten, Verres, es sei denn du entschließt dich, die Säulen mit dem Bleilot zu prüfen.« Der Mensch, ohne jegliche Ahnung, fragt, was das bedeute »mit dem Bleilot«. Man sagt ihm, es gebe fast keine Säule, die ganz senkrecht sei. »Ja, beim Herkules«, sagt er, »so wollen wir's machen; die Säulen sollen mit dem Bleilot geprüft werden.« (134) Habonius, der den Kontrakt kannte, nach dem nur die Zahl der Säulen übergeben wird, in dem aber kein Wort von einem Bleilot steht, und der glaubte, es sei nicht vorteilhaft für ihn, unter solchen Bedingungen den Auftrag anzunehmen, da das Gebäude dann ebenso wieder übergeben werden müsse, erklärt, daß man zu dieser Prüfung ihm gegenüber nicht verpflichtet sei, daß man sie überhaupt nicht verlangen dürfe. Verres befiehlt Habonius, ruhig zu sein, und macht ihm zugleich einige Hoffnung auf Beteiligung. So weist er den bescheidenen und keineswegs hartnäckigen Mann ohne Mühe in seine Schranken; er versichert, daß er die Säulen auf diese Weise prüfen wolle. (135) Der unerhörte Vorfall und das unvorhergesehene Pech des Mündels wird sofort dem C. Mustius, dem Stiefvater des Mündels, der kürzlich gestorben ist, berichtet, ferner seinem Onkel M. Junius und seinem Vormund P. Titius, einem äußerst gediegenen Menschen. Die berichten die Sache dem M. Marcellus, einem vorzügli-

Marcellum, qui erat pupilli tutor, deferunt. Venit ad Verrem M. Marcellus; petit ab eo pro sua fide ac diligentia pluribus verbis ne per summam iniuriam pupillum Iunium fortunis patriis conetur evertere. Iste, qui iam spe atque opinione praedam illam devorasset, neque ulla aequitate orationis neque auctoritate M. Marcelli commotus est; itaque quem ad modum ostendisset se id exacturum esse respondit. (136) Cum sibi omnis ad istum adlegationes difficilis, omnis aditus arduos ac potius interclusos viderent – apud quem non ius, non aequitas, non misericordia, non propinqui oratio, non amici voluntas, non cuiusquam auctoritas [pro pretio], non gratia valeret – statuunt id sibi esse optimum factu, quod cuivis venisset in mentem, petere auxilium a Chelidone, quae isto praetore non modo in iure civili privatorumque omnium controversiis populo Romano praefuit, verum etiam in his sartis tectisque dominata est. **52** (137) Venit ad Chelidonem C. Mustius, eques Romanus, publicanus, homo cum primis honestus; venit M. Iunius, patruus pueri, frugalissimus homo et castissimus; venit homo summo pudore, summo officio, spectatissimus ordinis sui, P. Titius tutor. O multis acerbam, o miseram atque indignam praeturam tuam! Ut omittam cetera, quo tandem pudore talis viros, quo dolore meretricis domum venisse arbitramini? qui numquam ulla condicione istam turpitudinem subissent nisi offici necessitudinisque ratio coegisset. Veniunt, ut dico, ad Chelidonem. Domus erat

chen Manne von größter Hilfsbereitschaft und Tatkraft, der gleichfalls Vormund des minderjährigen Jungen war. M. Marcellus begibt sich zu Verres; er bittet ihn, wie es seiner Pflichttreue und Gewissenhaftigkeit entsprach, eindringlich, er solle doch nicht sein Mündel Junius durch eine höchst ungerechte Maßnahme um das väterliche Vermögen zu bringen suchen. Verres, der in seiner Hoffnung und Phantasie die Beute bereits verschlungen hatte, ließ sich weder durch die berechtigten Vorhaltungen noch durch das Ansehen des M. Marcellus beeindrucken; er antwortete also, er werde die Untersuchung, wie angekündigt, ausführen. (136) Da man sah, daß jede Verhandlung mit diesem Menschen schwierig, jeder Zugang zu ihm mühselig oder vielmehr abgeschnitten war – denn nicht das Recht, nicht die Billigkeit, nicht das Mitleid, nicht das Ersuchen eines Verwandten, nicht der Wunsch eines Freundes, nicht irgend jemandes Ansehen oder Einfluß vermochten etwas bei ihm –, beschließt man, das zu tun, was wohl jedem in den Sinn gekommen wäre: es sei das Beste, Chelidon um Hilfe zu bitten, die während der Prätur des Verres nicht nur im bürgerlichen Recht und den Streitigkeiten aller Privatpersonen über das römische Volk gebot, sondern auch bei diesen Bauangelegenheiten die beherrschende Rolle spielte. **52** (137) Zu Chelidon begibt sich C. Mustius, ein römischer Ritter, ein Steuerpächter, ein hochangesehener Mann; begibt sich M. Junius, der Onkel des Jungen, ein grundanständiger und ganz uneigennütziger Mensch; begibt sich der Vormund P. Titius, ein Mann von höchstem Ehrgefühl, von höchster Pflichtauffassung, der angesehenste seines Standes. Wie bitter, wie jämmerlich und entwürdigend war doch für viele deine Prätur! Um alles andere beiseitezulassen: mit welchem Schamgefühl, mit welchem Widerwillen, glaubt ihr eigentlich, haben solche Männer das Haus einer Dirne betreten? Sie hätten auf keinen Fall jemals eine solche Schmach auf sich genommen, wenn nicht die Rücksicht auf Pflicht und Verwandtschaft sie dazu genötigt hätte. Sie begeben sich, wie gesagt, zu Chelidon. Das Haus war voll; neue Rechtsbestimmungen, neue Entschei-

plena; nova iura, nova decreta, nova iudicia petebantur. 'Mihi det possessionem, mihi ne adimat, in me iudicium ne det, mihi bona addicat.' Alii nummos numerabant, ab aliis tabellae obsignabantur; domus erat non meretricio conventu sed praetoria turba referta. (138) Simul ac potestas primum data est, adeunt hi quos dixi. Loquitur C. Mustius, rem demonstrat, petit auxilium, pecuniam pollicetur. Respondit illa ut meretrix non inhumaniter; libenter ait se facturam, et se cum isto diligenter sermocinaturam; reverti iubet. Tum discedunt: postridie revertuntur. Negat illa posse hominem exorari; permagnam eum dicere ex illa re pecuniam confici posse.

53 Vereor ne quis forte de populo, qui priore actione non adfuit, haec, quia propter insignem turpitudinem sunt incredibilia, fingi a me arbitretur. Ea vos antea, iudices, cognovistis. (139) Dixit iuratus P. Titius, tutor pupilli Iuni, dixit M. Iunius tutor et patruus; Mustius dixisset, si viveret, sed recenti re de Mustio auditum est; dixit L. Domitius, qui cum sciret me ex Mustio vivo audisse, quod eo sum usus plurimum (etenim iudicium, quod prope omnium fortunarum suarum C. Mustius habuit, me uno defendente vicit), cum hoc, ut dico, sciret L. Domitius, me scire ad eum res omnis Mustium solitum esse deferre, tamen de Chelidone reticuit quoad potuit, alio responsionem suam derivavit. Tantus in adulescente clarissimo ac principe iuventutis pudor fuit ut aliquam diu, cum a me premeretur, omnia potius responderet quam Chelidonem nominaret; primo necessarios istius ad eum adle-

dungen, neue Urteilssprüche wurden gewünscht. »Mir soll er den Besitz zuweisen, mir soll er ihn nicht wegnehmen, gegen mich soll er kein Gerichtsverfahren zulassen, mir soll er das Vermögen zusprechen.« Die einen zählten Geld, andere siegelten Schuldscheine; das Haus war gerammelt voll, nicht von einer Gesellschaft, wie man sie bei einer Dirne erwartet, sondern von dem Anhang eines Prätors. (138) Sobald sie vorgelassen wurden, treten die Genannten ein. Den Sprecher macht C. Mucius; er legt den Sachverhalt dar, bittet um Hilfe, verspricht Geld. Sie antwortet, wie eben eine Dirne, nicht unfreundlich; sie werde gern, sagt sie, etwas tun, und wolle eingehend mit Verres sprechen; sie fordert sie auf, wiederzukommen; am Tage darauf stellen sie sich wieder ein. Chelidon erklärt, der Mann lasse sich nicht durch Bitten erweichen; er behaupte, bei dieser Sache lasse sich sehr viel Geld machen.

53 Ich fürchte, manch einer aus der Bevölkerung, der bei der vorigen Verhandlung nicht zugegen war, könnte vielleicht glauben, ich hätte diese Dinge erfunden, weil sie wegen ihrer beispiellosen Gemeinheit unglaublich sind. Ihr aber, Richter, habt schon vorher davon erfahren. (139) Bekundet hat es unter Eid P. Titius, der Vormund des unmündigen Junius, bekundet auch M. Junius, sein Vormund und Onkel; bekundet hätte es auch Mustius, wenn er noch lebte, doch man hat, als die Sache noch frisch war, von ihm darüber gehört; bekundet hat es auch L. Domitius[172]. Der wußte zwar, daß ich von Mustius, als er noch lebte, gehört hatte (ich stand nämlich mit ihm in sehr regem Verkehr; denn C. Mustius gewann einen Prozeß, in dem es fast um sein ganzes Vermögen ging, allein durch meine Verteidigung) – L. Domitius also, wie gesagt, wußte zwar, ich sei darüber unterrichtet, daß Mustius ihm alles anzuvertrauen pflegte; dennoch schwieg er, solange er konnte, von Chelidon und gab ausweichende Antworten.[173] So mächtig war das Schamgefühl bei dem erlauchten jungen Mann, einem der vornehmsten unserer Jugend, daß er eine Zeitlang, obwohl ich in ihn drang, lieber alle möglichen Antworten gab, als Chelidon zu nennen. Zuerst erklärte er, man

gatos esse dicebat, deinde aliquando coactus Chelidonem nominavit. (140) Non te pudet, Verres, eius mulieris arbitratu gessisse praeturam quam L. Domitius ab se nominari vix sibi honestum esse arbitrabatur?

54 Reiecti a Chelidone capiunt consilium necessarium, ut suscipiant ipsi negotium. Cum Habonio tutore, quod erat vix HS quadraginta milium, transigunt HS ducentis milibus. Defert ad istum rem Habonius: ut sibi videatur, satis grandem pecuniam et satis impudentem esse. Iste, qui aliquanto plus cogitasset, male accipit verbis Habonium, negat eum sibi illa decisione satis facere posse; ne multa, locaturum se esse confirmat. (141) Tutores haec nesciunt; quod actum erat cum Habonio, putant id esse certissimum; nullam maiorem pupillo metuunt calamitatem. Iste vero non procrastinat; locare incipit non proscripta neque edicta die, alienissimo tempore, ludis ipsis Romanis, foro ornato. Itaque renuntiat Habonius illam decisionem tutoribus. Accurrunt tamen ad tempus tutores; digitum tollit Iunius patruus; isti color immutatus est, vultus, oratio, mens denique excidit. Quid ageret coepit cogitare; si opus pupillo redimeretur, si res abiret ab eo mancipe quem ipse adposuisset, sibi nullam praedam esse. Itaque excogitat – quid? Nihil ingeniose, nihil ut quisquam posset dicere, 'Improbe, verum callide'; nihil ab isto vafrum, nihil veteratorium exspectaveritis; omnia aperta, omnia perspicua reperientur, impudentia, amentia, audacia. (142) 'Si pupillo opus redimitur, mihi praeda de manibus eri-

habe Verwandte des Verres als Fürsprecher zu ihm geschickt; dann endlich, in die Enge getrieben, nannte er die Chelidon. (140) Schämst du dich nicht, Verres, daß du deine Prätur nach dem Ermessen einer Frau geführt hast, von der Domitius glaubte, es sei kaum mit seiner Ehre vereinbar, wenn er sie auch nur nenne?

54 Von Chelidon abschlägig beschieden, fassen sie notgedrungen den Entschluß, selbst die Sache in die Hand zu nehmen. Mit dem Vormund Habonius kommen sie für etwas, was auf kaum 40000 Sesterzen zu veranschlagen war,[174] zu einem Abschluß in der Höhe von 200000 Sesterzen. Habonius teilt Verres das mit: seiner Ansicht nach sei der Geldbetrag groß genug, ja unverschämt genug. Verres, der an erheblich mehr gedacht hatte, läßt Habonius abblitzen, er erklärt, er könne sich mit dieser Abmachung nicht zufrieden geben; um es kurz zu machen, er versichert, er werde den Auftrag vergeben. (141) Die anderen Vormünder wissen hiervon nichts, sie halten für eindeutig ausgemacht, was mit Habonius vereinbart war; sie fürchten keinen größeren Schaden für ihr Mündel. Verres aber gewährt keinen Aufschub; er beginnt mit der Vergabe, ohne einen Termin ausgeschrieben oder bekanntgegeben zu haben, zu einer ganz unpassenden Zeit, gerade während der römischen Spiele,[175] als das Forum geschmückt war. Habonius kündigt daher den Vormündern das Abkommen auf. Die Vormünder finden sich trotzdem noch zur rechten Zeit ein; der Onkel Junius hebt die Hand;[176] Verres wechselte die Farbe; das Mienenspiel, die Sprache, selbst die Besinnung schwand ihm. Er begann zu überlegen, was er nun tun solle; wenn der Arbeitsauftrag für das Mündel ersteigert werde, wenn die Sache dem Unternehmer entgehe, den er selbst bestellt habe,[177] dann gebe es für ihn keine Beute. Und so denkt er sich denn aus – was? Nichts Gescheites, nichts, daß man sagen könnte: »Unverschämt, aber schlau«, nichts Pfiffiges, nichts Gewiegtes dürft ihr von ihm erwarten; alles liegt offen da, alles erweist sich als durchsichtig, unverschämt, wahnwitzig, skrupellos. (142) »Wenn der Arbeitsauftrag für das Mündel erstanden wird, dann wird mir

pitur. Quod est igitur remedium? quod? Ne liceat pupillo redimere.' Ubi illa consuetudo in bonis praedibus praediisque vendundis omnium consulum, censorum, praetorum, quaestorum denique, ut optima condicione sit is cuia res sit, cuium periculum? Excludit eum solum cui prope dicam soli potestatem factam oportebat. Quid enim? quisquam ad meam pecuniam me invito adspirat, quisquam accedit? Locatur opus id quod ex mea pecunia reficiatur; ego me refecturum dico; probatio futura est tua, qui locas; praedibus et praediis populo cautum est; et, si non putas cautum, scilicet tu, praetor, in mea bona quos voles immittes, me ad meas fortunas defendendas accedere non sines. **55** (143) Operae pretium est legem ipsam cognoscere; dicetis eundem conscripsisse qui illud edictum de hereditate. Recita. LEX OPERI FACIUNDO. QUAE PUPILLI IUNI –. Dic, dic, quaeso, clarius. C. VERRES PRAETOR URBANUS ADDIDIT. Corriguntur leges censoriae! Quid enim? video in multis veteribus legibus, CN. DOMITIUS L. METELLUS CENSORES ADDIDERUNT, L. CASSIUS CN. SERVILIUS CENSORES ADDIDERUNT: vult aliquid eius modi C. Verres. Dic: quid addidit? Recita. QUI DE L. MARCIO M. PERPERNA CENSORIBUS – – SOCIUM NE ADMITTITO NEVE PARTEM DATO NEVE REDIMITO. Quid ita? ne vitiosum opus fieret? At erat probatio tua. Ne parum locuples esset? At erat et esset amplius, si

die Beute aus den Händen gerissen. Welches Mittel gibt es denn dagegen? Welches? Man gestatte dem Mündel nicht, den Auftrag zu erstehen.« Wo bleibt da die Gewohnheit, an die sich alle Konsuln, Zensoren, Prätoren und schließlich auch Quästoren beim Verkauf von Vermögenswerten und verpfändeten Gütern gehalten haben: daß derjenige die Vorhand haben soll, dem die Sache gehört, dem die Gefahr eines Verlustes droht? Verres schließt allein den aus, dem man als einzigem, möchte ich fast sagen, eine Chance hätte geben sollen. Wie denn? Jemand trachtet wider meinen Willen nach meinem Geld, jemand drängt sich ein. Man vergibt ein Bauwerk, das von meinem Geld wiederhergestellt werden soll; ich erkläre mich bereit, es wiederherzustellen; die Abnahme ist später deine Sache, der du den Auftrag vergibst; dem Volk ist durch Bürgen und Kautionen Sicherheit gegeben, und wenn du glaubst, es bestehe keine Sicherheit, dann wirst du, der Prätor, natürlich, wem du willst, gestatten, die Hand nach meinem Vermögen auszustrecken, wirst nicht zulassen, daß ich dazu komme, mein Hab und Gut zu verteidigen.
55 (143) Es ist der Mühe wert, den Wortlaut des Vertrages selbst kennenzulernen. Ihr werdet sagen müssen: derselbe Mann hat ihn aufgesetzt, der die Verordnung über das Erbrecht[178] verfaßte! Lies vor. – Vertrag über die Ausführung von Bauarbeiten: »Was dem unmündigen Junius ...« – Sprich, sprich bitte deutlicher. »Der Stadtprätor C. Verres hat hinzugefügt.« Man berichtigt zensorische Verträge! Was ist denn dabei? Ich finde ja in vielen alten Verträgen: »Die Zensoren Cn. Domitius und L. Metellus[179] haben hinzugefügt, die Zensoren L. Cassius und Cn. Servilius[180] haben hinzugefügt.« Etwas Derartiges will auch Verres. Sag, was hat er hinzugefügt? Lies vor. »Wer von den Zensoren L. Marcius und M. Perpenna[181] ..., den sollst du nicht als Gesellschafter zulassen noch ihm einen Anteil gewähren noch den Auftrag für ihn übernehmen.« Wieso? Aus Besorgnis, die Arbeit könnte mangelhaft ausgeführt werden? Aber das zu prüfen war ja deine Sache. Aus Besorgnis, er könnte nicht bemittelt genug sein? Aber er war es und würde, wenn du gewollt

velles, populo cautum praedibus et praediis. (144) Hic te si res ipsa, si indignitas iniuriae tuae non commovebat, si pupilli calamitas, si propinquorum lacrimae, si D. Bruti, cuius praedia suberant, periculum, si M. Marcelli tutoris auctoritas apud te ponderis nihil habebat, ne illud quidem animadvertebas, eius modi fore hoc peccatum tuum quod tu neque negare posses, – in tabulas enim legem rettulisti, – neque cum defensione aliqua confiteri? Addicitur opus HS DLX milibus, cum tutores HS CCIↃↃ CCIↃↃ CCIↃↃ CCIↃↃ id opus ad illius iniquissimi hominis arbitrium se effecturos esse clamarent. (145) Etenim quid erat operis? Id quod vos vidistis; omnes illae columnae, quas dealbatas videtis, machina adposita nulla impensa deiectae eisdemque lapidibus repositae sunt. Hoc tu HS DLX milibus locavisti. Atque in illis columnis dico esse quae a tuo redemptore commotae non sint; dico esse ex qua tantum tectorium vetus deiectum sit et novum inductum. Quodsi tanta pecunia columnas dealbari putassem, certe numquam aedilitatem petivissem.

56 (146) At ut videatur tamen res agi et non eripi pupillo: SI QUID OPERIS CAUSA RESCIDERIS, REFICITO. Quid erat quod rescinderet, cum suo quemque loco lapidem reponeret? QUI REDEMERIT SATIS DET DAMNI INFECTI EI QUI A VETERE REDEMPTORE ACCEPIT. Deridet, cum sibi ipsum iubet satis dare Habonium. PECUNIA PRAESENS SOLVETUR. Quibus de bonis? Eius qui, quod tu HS DLX milibus locasti, se HS CCIↃↃ

hättest, dem Volke noch mehr Sicherheit durch Bürgen und Kautionen gegeben haben. (144) Wenn dich hierbei die Sache selbst, wenn dich das Empörende deines Unrechts nicht berührt hat, wenn die unglückliche Lage des Mündels, wenn die Tränen der Verwandten, wenn die Gefahr des D. Brutus, dessen Güter als Sicherheit dienten, wenn das Ansehen des Vormundes M. Marcellus kein Gewicht bei dir hatten, ging dir da nicht wenigstens auf, daß du ein derartiges Vergehen deinerseits weder würdest leugnen – du hast den Vertrag ja in das Protokoll eingetragen – noch mit einer hinreichenden Rechtfertigung würdest eingestehen können? Der Auftrag wird für 560000 Sesterzen zugeschlagen, während die Vormünder hoch und heilig versicherten, sie würden die Arbeit nach dem Ermessen dieses so ungerechten Menschen für 40000 Sesterzen ausführen. (145) Denn was war das für eine Arbeit? Eine, wie ihr sie selbst gesehen habt: alle die Säulen, die, wie ihr seht, weiß übertüncht sind, wurden unter Einsatz einer Maschine ohne große Kosten abgetragen und aus denselben Steinen wieder aufgebaut. Diese Arbeit hast du für 560000 Sesterzen vergeben und unter diesen Säulen, behaupte ich, sind manche, die dein Unternehmer nicht angerührt hat, ist manche, behaupte ich, von der nur die alte Tünche entfernt und neue aufgetragen wurde. Hätte ich geglaubt, daß es soviel Geld kostet, Säulen weiß zu übertünchen, hätte ich mich bestimmt niemals um das Ädilenamt beworben.[182]

56 (146) Indes, damit es so aussieht, als handle es sich nur um die Sache und nicht um die Ausplünderung eines Mündels, setzt er hinzu: »Wenn du bei der Ausbesserungsarbeit etwas beschädigst, dann mußt du es wiederherstellen.« Was hätte der Unternehmer denn schon beschädigen sollen, da er doch jeden Stein wieder an seine Stelle setzte? »Der Unternehmer soll für angerichteten Schaden dem Sicherheit leisten, der von dem bisherigen Unternehmer den Auftrag übernommen hat.« Er macht sich nur lustig, indem er den Habonius anweist, sich selbst Sicherheit zu leisten.[183] »Das Geld soll bar gezahlt werden.« Von welchem Vermögen? Von dem

CCIↃↃ CCIↃↃ CCIↃↃ effecturum esse clamavit. Quibus de bonis? Pupilli, cuius aetatem et solitudinem, etiamsi tutores non essent, defendere praetor debuit. Tutoribus defendentibus non modo patrias eius fortunas, sed etiam bona tutorum ademisti. HOC OPUS BONUM SUO CUIQUE FACITO. (147) Quid est 'suo cuique'? Lapis aliqui caedendus et adportandus fuit machina sua; nam illo non saxum, non materies ulla advecta est; tantum operis in ista locatione fuit quantum paucae operae fabrorum mercedis tulerunt, et manuspretium machinae. Utrum existimatis minus operis esse unam columnam efficere ab integro novam nullo lapide redivivo an quattuor illas reponere? Nemo dubitat quin multo maius sit novam facere. Ostendam in aedibus privatis longa difficilique vectura columnas singulas ad impluvium HS CCIↃↃ CCIↃↃ non minus magnas locatas. (148) Sed ineptum est de tam perspicua eius impudentia pluribus verbis disputare, praesertim cum iste aperte tota lege omnium sermonem atque existimationem contempserit, qui etiam ad extremum adscripserit: REDIVIVA SIBI HABETO; quasi quicquam redivivi ex opere illo tolleretur ac non totum opus ex redivivis constitueretur. At enim si pupillo redimi non licebat non necesse erat rem ad ipsum pervenire; poterat aliquis ad id negotium de populo accedere. Omnes exclusi sunt non minus aperte quam pupillus. Diem praestituit operi faciundo Kalendas Decembris, locat circiter Idus Septembris; angustiis temporis excluduntur omnes. **57** (149) Quid ergo? Habonius istam diem quo modo adsequitur? Nemo Habonio

Vermögen dessen, der beteuert hat, er werde für 40000 Sesterzen ausführen, was du für 560000 Sesterzen vergeben hast. Von welchem Vermögen? Von dem eines Mündels, dessen Jugend und Hilflosigkeit der Prätor schützen müßte, auch wenn keine Vormünder da wären. Jetzt aber, da Vormünder seinen Schutz übernahmen, hast du nicht nur ihm das väterliche Vermögen, sondern auch den Vormündern das Hab und Gut abgenommen. »Du sollst diese Arbeit in jeder Beziehung gut ausführen.« (147) Was heißt das »in jeder Beziehung«? Er mußte wohl den einen oder anderen Stein behauen und mit einer Maschine heranschaffen lassen. Freilich keinen Felsblock, kein Baumaterial hat man dort angefahren; bei dieser Auftragsvergabe war nicht mehr zu tun, als ein paar Bauhandwerker an Lohn erhielten und die Herstellung der Maschine kostete. Was, meint ihr, erfordert weniger Arbeit: eine einzige Säule ohne einen schon gebrauchten Stein ganz neu anzufertigen oder vier alte wiederaufzustellen? Niemand zweifelt daran, daß es weitaus mehr Mühe macht, eine neue anzufertigen. Ich kann zeigen, daß bei Privathäusern trotz weiter und schwieriger Anfuhr einzelne, nicht weniger große Säulen für den Innenhof zu je 20000 Sesterzen in Auftrag gegeben worden sind. (148) Doch es wäre töricht, sich über seine so augenfällige Unverschämtheit ausführlicher zu verbreiten, zumal er ja offensichtlich bei dem ganzen Vertrage das allgemeine Gerede und Urteil mißachtet hat – setzte er doch am Schluß hinzu: »Das alte Baumaterial mag er für sich behalten.« Als ob etwas Altes von dem Bauwerk entfernt und nicht der ganze Bau aus alten Bauteilen wieder errichtet worden wäre. Aber wenn Habonius den Auftrag nicht für das Mündel übernehmen durfte, dann mußte ja der Zuschlag nicht unbedingt an ihn selbst fallen; irgend jemand aus dem Volke hätte sich mit dieser Aufgabe befassen können. Doch alle anderen wurden ebenso unverhüllt ausgeschlossen wie das Mündel. Als Termin für die Fertigstellung setzte er den 1. Dezember fest, er vergibt die Arbeit ungefähr am 13. September: die Kürze der Zeit schließt alle aus. **57** (149) Wie denn? Und Habonius – wie kann er diesen Termin einhalten?

molestus est neque Kalendis Decembribus neque Nonis neque Idibus; denique aliquanto ante in provinciam iste proficiscitur quam opus effectum est. Posteaquam reus factus est, primo negabat se opus in acceptum referre posse; cum instaret Habonius, in me causam conferebat, quod eum codicem obsignassem. Petit a me Habonius et amicos adlegat: facile impetrat. Iste, quid ageret, nesciebat; si in acceptum non rettulisset, putabat se aliquid defensionis habiturum; Habonium porro intellegebat rem totam esse patefacturum, – tametsi quid poterat esse apertius quam nunc est? – ut uno minus teste *ag*eret, Habonio opus in acceptum rettulit quadriennio post quam diem operi dixerat. (150) Hac condicione, si quis de populo redemptor accessisset, non esset usus; cum die ceteros redemptores exclusisset, tum in eius arbitrium ac potestatem venire nolebant qui sibi ereptam praedam arbitraretur. Nunc ne argumentemur, quo ista pecunia pervenerit facit ipse indicium. Primum cum vehementius cum eo D. Brutus contenderet, qui de sua pecunia HS DLX milia numeravit, quod iam iste ferre non poterat, opere addicto, praedibus acceptis de HS DLX milibus remisit D. Bruto HS CX milia. Hoc, si aliena res esset, certe facere non potuisset. Deinde nummi numerati sunt Cornificio, quem scribam suum fuisse negare non potest. Postremo ipsius Haboni tabulae praedam illam istius fuisse clamant. Recita. NOMINA HABONI.

58 (151) Hic etiam priore actione Q. Hortensius pupillum Iunium praetextatum venisse in vestrum conspectum et ste-

Niemand drängt Habonius, weder am 1. noch am 5. noch am 13. Dezember. Schließlich reist Verres einige Zeit, bevor die Arbeit ausgeführt war, in die Provinz. Als er angeklagt wurde, erklärte er zuerst, er könne die Arbeit nicht als empfangene Leistung verbuchen.[184] Als Habonius ihn drängte, schob er die Schuld auf mich: ich hätte das Rechnungsbuch versiegelt. Habonius wendet sich an mich und schickt seine Freunde zu mir; er erreicht leicht das Gewünschte. Verres wußte nicht, was er tun sollte. Er glaubte, eine Verteidigungsmöglichkeit zu haben, wenn er den Posten nicht verbuche. Doch dann erkannte er, daß Habonius die ganze Sache enthüllen würde. Indes, wie konnte sie offenkundiger sein als jetzt? Um es mit einem Zeugen weniger zu tun zu haben, trug er vier Jahre nach dem Termin, den er für die Fertigstellung bestimmt hatte, die Arbeit als Gutschrift für Habonius ein. (150) Hätte sich jemand aus dem Volke als Unternehmer beworben, er hätte diese Bedingungen nicht bekommen. Einerseits hatte er die anderen Unternehmer schon durch die Frist ausgeschlossen, andererseits wollte man sich nicht der Willkür und Macht eines Mannes ausliefern, der meinen würde, man habe ihm eine Beute entrissen. Wir brauchen nun nicht erst nachzuweisen, wohin das Geld gelangt ist; er selbst verrät es. Erstens: D. Brutus, der ihm von seinem Gelde 560000 Sesterzen zahlte, machte ihm ziemlich heftige Vorhaltungen; das konnte Verres nicht länger ertragen und erließ daher dem D. Brutus 110000 Sesterzen, obwohl der Arbeitsauftrag schon zugeschlagen und die Bürgen angenommen waren. Das hätte er bestimmt nicht tun können, wenn es fremdes Geld gewesen wäre. Zweitens wurde der Geldbetrag dem Cornificius ausgezahlt, der, wie er nicht bestreiten kann, sein Schreiber gewesen ist. Schließlich verraten die Bücher des Habonius selbst deutlich, daß es sich dabei um eine Beute des Verres gehandelt hat. Lies vor. – Die Posten des Habonius. –

58 (151) Bei dieser Angelegenheit hat sich Q. Hortensius bereits in der vorigen Verhandlung beklagt, daß der unmündige Junius in seiner Purpurtoga[185] vor euren Augen erschie-

tisse cum patruo testimonium dicente questus est, et me populariter agere atque invidiam commovere, quod puerum producerem, clamitavit. Quid erat, Hortensi, tandem in illo puero populare, quid invidiosum? Gracchi, credo, aut Saturnini aut alicuius hominis eius modi produxeram filium, ut nomine ipso et memoria patris animos imperitae multitudinis commoverem. P. Iuni erat, hominis de plebe Romana, filius, quem pater moriens cum tutoribus et propinquis, tum legibus tum aequitati magistratuum, tum iudiciis vestris commendatum putavit. (152) Hic istius scelerato nefarioque latrocinio bonis patriis fortunisque omnibus spoliatus venit in iudicium, si nihil aliud, saltem ut eum cuius opera ipse multos annos esset in sordibus paulo tamen obsoletius vestitum videret. Itaque tibi, Hortensi, non illius aetas, sed causa, non vestitus, sed fortuna popularis videbatur, neque te tam commovebat quod ille cum toga praetexta, quam quod sine bulla venerat. Vestitus enim neminem commovebat is quem illi mos et ius ingenuitatis dabat; quod ornamentum pueritiae pater dederat, indicium atque insigne fortunae, hoc ab isto praedone ereptum esse graviter tum et acerbe homines ferebant. (153) Neque erant illae lacrimae populares magis quam nostrae, quam tuae, Q. Hortensi, quam horum qui sententiam laturi sunt, ideo quod communis est causa, commune periculum; communi praesidio talis improbitas tamquam aliquod incendium restinguendum est. Habemus enim liberos

nen sei und neben seinem Onkel gestanden habe, als dieser seine Zeugenaussage machte. Und er schrie, ich buhlte um die Gunst des Volkes und suchte dadurch, daß ich den Jungen vorführte, Haß zu erregen. Was war denn eigentlich an diesem Jungen, Hortensius, das die Gunst des Volkes gewinnen, das Haß erregen konnte? Ich hatte wohl den Sohn des Gracchus oder des Saturninus[186] oder sonst eines Mannes dieser Art vorgeführt, um die unerfahrene Menge allein durch den Namen und die Erinnerung an den Vater aufzubringen. Es war der Sohn des P. Junius, eines Mannes aus dem römischen Volke, von dem der sterbende Vater glaubte, er sei nicht nur den Vormündern und Verwandten, sondern auch den Gesetzen, auch der Gerechtigkeit der Behörden und auch euren Gerichten anvertraut. (152) Dieser Junge, der durch den verbrecherischen und ruchlosen Spitzbubenstreich des Verres des väterlichen Besitzes und seines ganzen Vermögens beraubt war, erschien vor Gericht, wenn zu nichts anderem, so doch wenigstens, um den Mann, durch dessen Umtriebe er selbst schon viele Jahre in einem elenden Zustand lebte, in seiner noch etwas schäbigeren Aufmachung zu sehen. Also nicht sein Alter, Hortensius, sondern seine Sache, nicht seine Kleidung, sondern sein Schicksal schien dir auf die Gefühle des Volkes zu wirken, und dich beeindruckte nicht so sehr, daß er in seiner Purpurtoga, sondern daß er ohne Halsschmuck gekommen war. Denn die Kleidung, die ihm der Brauch und die rechtliche Stellung der freien Geburt verlieh, beeindruckte niemand. Daß ihm aber der Schmuck seiner Kindheit, den ihm der Vater – ein Beweis und Zeichen seiner Wohlhabenheit – geschenkt hatte, von diesem Räuber entrissen war, das nahmen die Leute damals mit Verdruß und Erbitterung auf. (153) Und seine Tränen sollten nicht mehr auf das Volk wirken als unsere, als deine, Q. Hortensius, als die Tränen derer, die das Urteil fällen werden, und zwar deshalb, weil es sich um eine gemeinsame Sache, um eine gemeinsame Gefahr handelt. Durch gemeinsame Hilfeleistung muß eine solche Schuftigkeit wie eine Feuersbrunst ausgelöscht werden. Denn auch wir haben kleine Kinder. Es

parvos; incertum est quam longa cuiusque nostrum vita futura sit; consulere vivi ac prospicere debemus ut illorum solitudo et pueritia quam firmissimo praesidio munita sit. Quis est enim qui tueri possit liberum nostrorum pueritiam contra improbitatem magistratuum? Mater, credo. Scilicet magno praesidio fuit Anniae pupillae mater, femina primaria: minus illa deos hominesque implorante iste infanti pupillae fortunas patrias ademit. Tutoresne defendent? Perfacile vero apud istius modi praetorem, a quo M. Marcelli tutoris in causa pupilli Iuni et oratio et voluntas et auctoritas repudiata est!

59 (154) Quaerimus etiam quid iste in ultima Phrygia, quid in extremis Pamphyliae partibus fecerit, qualis in bello praedonum praedo ipse fuerit qui in foro populi Romani pirata nefarius reperiatur? Dubitamus quid iste in hostium praeda molitus sit, qui manubias sibi tantas ex L. Metelli manubiis fecerit, qui maiore pecunia quattuor columnas dealbandas quam ille omnis aedificandas locaverit? Exspectemus quid dicant ex Sicilia testes? Quis umquam templum illud aspexit quin avaritiae tuae, quin iniuriae, quin audaciae testis esset? quis a signo Vortumni in circum maximum venit quin is uno quoque gradu de avaritia tua commoneretur? quam tu viam tensarum atque pompae eius modi exegisti ut tu ipse illa ire non audeas. Te putet quisquam, cum ab Italia freto diiunctus esses, sociis temperasse, qui aedem Castoris testem tuorum furtorum esse volueris? quam populus Romanus cotidie, iudices etiam tum cum de te sententiam ferent, videbunt.

ist ungewiß, wie lange das Leben eines jeden von uns dauern wird. Zu Lebzeiten müssen wir vorsorgen und darauf achten, daß ihre Hilflosigkeit und Kindheit durch einen möglichst starken Schutz gesichert sei. Denn wer könnte das junge Alter unserer Kinder gegen die Unredlichkeit von Beamten schützen? Die Mutter, nehme ich an. Freilich, großen Beistand konnte die Mutter, diese vorzügliche Frau der unmündigen Annia[187] leisten; da sie Götter und Menschen anflehte, hat Verres dem unmündigen Kinde wohl weniger das väterliche Vermögen weggenommen. Sollen die Vormünder den Schutz übernehmen? In der Tat, das ist etwas sehr Leichtes bei einem derartigen Prätor, der in der Sache des unmündigen Junius die Vorhaltungen und die Wünsche und das Ansehen des Vormundes M. Marcellus mißachtet hat!

59 (154) Da fragen wir noch, was er im äußersten Phrygien, was in den entlegensten Teilen Pamphyliens getan hat, was er im Krieg mit den Räubern selbst für ein Räuber gewesen ist,[188] da er sich schon auf dem Forum des römischen Volkes als gemeiner Spitzbube erweist? Zweifeln wir noch, wie er mit der feindlichen Beute verfahren ist, er, der sich einen so großen Beuteanteil aus dem Beuteanteil des L. Metellus angeeignet, der für eine größere Geldsumme die Übertünchung von vier Säulen als jener für die Errichtung aller Säulen in Auftrag gegeben hat?[189] Sollen wir noch abwarten, was die Zeugen aus Sizilien aussagen? Wer hat jemals einen Blick auf diesen Tempel geworfen, ohne Zeuge deiner Habsucht, deines rechtswidrigen Verhaltens, deiner Frechheit zu sein? Wer ist von der Statue des Vertumnus zum Circus Maximus gegangen, ohne bei jedem Schritt an deine Habsucht erinnert zu werden? Diesen Weg hast du ja für Götterwagen und Festzüge derart herstellen lassen, daß du selbst nicht darauf zu gehen wagst.[190] Und du hättest – das soll man glauben? –, als du von Italien durch eine Meerenge getrennt warst, die Bundesgenossen geschont, du, der du wolltest, daß der Tempel des Kastor Zeuge deiner Diebstähle sei? Den werden das römische Volk täglich und die Richter auch dann, wenn sie das Urteil über dich fällen, vor Augen haben.

60 (155) Atque etiam iudicium in praetura publicum exercuit; non enim praetereundum est ne id quidem. Petita multa est apud istum praetorem a Q. Opimio; qui adductus est in iudicium, verbo quod, cum esset tribunus plebis, intercessisset contra legem Corneliam, *re vera* quod in tribunatu dixisset contra alicuius hominis nobilis voluntatem. De quo iudicio si velim dicere omnia, multi appellandi laedendique sint, id quod mihi non est necesse; tantum dicam, paucos homines, ut levissime appellem, adrogantes hoc adiutore Q. Opimium per ludum et iocum fotunis omnibus evertisse.
(156) Is mihi etiam queritur quod a nobis IX solis diebus prima actio sui iudici transacta sit, cum apud ipsum tribus horis Q. Opimius, senator populi Romani, bona, fortunas, ornamenta omnia amiserit? cuius propter indignitatem iudici saepissime est actum in senatu ut genus hoc totum multarum atque eius modi iudiciorum tolleretur. Iam vero in bonis Q. Opimi vendendis quas iste praedas, quam aperte, quam improbe fecerit, longum est dicere: hoc dico, nisi vobis id hominum honestissimorum tabulis planum fecero, fingi a me hoc totum temporis causa putatote. (157) Iam qui ex calamitate senatoris populi Romani, cum praetor iudicio eius praefuisset, spolia domum suam referre et manubias detrahere conatus sit, is ullam ab sese calamitatem poterit deprecari?
61 Nam de subsortitione illa Iuniana iudicum nihil dico. Quid enim? contra tabulas quas tu protulisti audeam dicere? Diffi-

60 (155) Und sogar einen Strafprozeß hat er während seiner Prätur geleitet; denn auch dies darf nicht übergangen werden. Man beantragte vor diesem Prätor eine Geldstrafe gegen Q. Opimius.[191] Der wurde vor Gericht gezogen, angeblich, weil er als Volkstribun entgegen dem Cornelischen Gesetz Einspruch eingelegt hatte, in Wirklichkeit, weil er während seines Tribunats gegen die Ansicht eines hochrangigen Mannes gesprochen hatte. Wenn ich über dieses Verfahren alles sagen wollte, müßte ich viele Leute nennen und verletzen, was ich gar nicht nötig habe; nur soviel will ich sagen, daß, um mich ganz gelinde auszudrücken, ein paar anmaßende Leute mit der Unterstützung des Verres den Q. Opimius spielend leicht und wie zum Spaß um sein ganzes Vermögen gebracht haben.
(156) Und dieser Mensch beklagt sich mir noch darüber, daß wir in nur neun Tagen die erste Verhandlung seines Prozesses durchgeführt haben, während bei ihm selbst Q. Opimius, ein Senator des römischen Volkes, in drei Stunden sein Hab und Gut, seine Existenz und alles, was ihn auszeichnete, verloren hat? Wegen dieses unwürdigen Verfahrens ist im Senat sehr oft darüber verhandelt worden, daß diese ganze Art von Geldstrafen und Prozessen abgeschafft werden solle. Nun gar, welche Beute Verres beim Verkauf des Besitzes von Q. Opimius, wie unverhüllt, wie unverschämt er sie gemacht hat, dies auszumalen wäre zu weitläufig; ich sage nur soviel: wenn ich euch das nicht durch die Geschäftsbücher der ehrenhaftesten Männer beweisen kann, dann möget ihr glauben, daß ich das Ganze wegen der günstigen Zeitumstände erfunden habe. (157) Dieser Mensch nun, der als Prätor das Verfahren gegen einen Senator des römischen Volkes leitete und das Mißgeschick dieses Mannes dazu ausnützte, Beute in sein Haus zu schaffen und seinen Raubanteil wegzuschleppen: der sollte es zuwege bringen, durch Bitten irgendein Verderben von sich abzuwenden?
61 Denn über die Auslosung der Ersatzrichter durch Junius sage ich nichts.[192] Warum? Soll ich es denn wagen, etwas gegen das Protokoll vorzubringen, das du vorgelegt hast? Das

cile est; non enim me tua solum et iudicum auctoritas, sed etiam anulus aureus scribae tui deterret. Non dicam id quod probare difficile est; hoc dicam quod ostendam multos ex te viros primarios audisse, cum diceres ignosci tibi oportere quod falsum codicem protuleris; nam qua invidia C. Iunius conflagravit, ea, nisi providisses, tibi ipsi tum pereundum fuisset. (158) Hoc modo iste sibi et saluti suae prospicere didicit referendo in tabulas et privatas et publicas quod gestum non esset, tollendo quod esset, et semper aliquid demendo, mutando, interpolando; eo enim usque progreditur ut ne defensionem quidem maleficiorum suorum sine aliis maleficiis reperire possit. Eius modi subsortitionem homo amentissimus suorum quoque iudicum fore putavit per sodalem suum Q. Curtium, iudicem quaestionis suae; cui ego nisi vi populi atque hominum clamore atque convicio restitissem, ex hac decuria vestra, cuius mihi copiam quam largissime factam oportebat, quos iste adnuerat in suum consilium sine causa subsortiebatur.

wäre schwierig; denn mich schreckt nicht nur dein und jener Richter Ansehen ab, sondern auch der goldene Ring deines Schreibers.[193] Ich will also nichts sagen, was zu beweisen schwierig ist; ich will nur sagen, wovon ich zeigen kann, daß viele angesehene Männer es aus deinem Munde gehört haben: du sagtest nämlich, man müsse dir verzeihen, daß du eine gefälschte Liste vorgelegt hättest; denn die Welle der Empörung, die C. Junius verschlang, würde damals, wenn du nicht achtgegeben hättest, auch dich selbst vernichtet haben. (158) Auf diese Weise hat Verres für sich und seine Rettung zu sorgen gelernt, indem er in private und öffentliche Urkunden eintrug, was nicht geschehen war, ausstrich, was geschehen war, und immer etwas beseitigte, änderte, einfügte. Denn er geht soweit, daß er für seine Übeltaten nicht einmal eine Verteidigung ohne weitere Übeltaten finden kann. Der wahnsinnige Mensch glaubte, er könne eine derartige Nachwahl auch bei seinen eigenen Richtern zustande bringen, und zwar durch den Untersuchungsrichter Q. Curtius, seinen Kumpan. Hätte mir die tatkräftige Unterstützung des Volkes und die laute Mißbilligung der Leute nicht ermöglicht, mich diesem Manne zu widersetzen, so hätte er aus eurer Richterabteilung, über die ich in möglichst großem Umfange verfügen mußte, ohne Grund nur die, die er bestimmt hatte, durch Nachwahl in sein Richterkollegium gebracht.[194]

Anmerkungen

Der lateinische Text folgt mit einigen Änderungen der Ausgabe von G. Peterson, *M. Tulli Ciceronis Orationes*, Bd. 3, Oxford: Clarendon Press, 1907, ^{2}1917 (Repr. 1930 [u. ö., zuletzt 1965]). Kursive bezeichnen ergänzte Textstellen. Emendationen des Herausgebers sind durch spitze Klammern gekennzeichnet. Alle im folgenden genannten Jahreszahlen gelten *v. Chr.*
Stellenverweise ohne Werkangabe beziehen sich auf die *Reden gegen Verres*. Dabei bezeichnet z. B. 1,1: Erste Rede, § 1, dagegen 2,1,1: Zweite Rede, erstes Buch, § 1. Die im Übersetzungstext halbfett gedruckte Kapitelzählung findet bei Zitaten keine Verwendung.

1 Die Übersetzung von *iudices* mit »Richter« kann im Deutschen leicht falsche Assoziationen hervorrufen. Es handelt sich hier nicht um Berufs-, sondern um Privatrichter, die vom Prätor aus einer Liste (*decuria* »Abteilung«) vorgeschlagen und von den Parteien gebilligt wurden. Diese Privatrichter waren meist Senatoren.

2 Zur Ablehnung der Richter: Beide Prozeßparteien hatten das gesetzlich verbriefte Recht, Richter, die sie für befangen hielten, abzulehnen; die abgelehnten Richter wurden in einer Nachwahl (*subsortitio* »das Nachlosen«) durch andere ersetzt. Vgl. 2,1,18.158 und 1,10 und 1,16. Zur Lage der senatorischen Gerichte vgl. 2,1,21 ff. sowie die *Rede gegen Caecilius* 7 ff. und 1,1 ff.43 ff.

3 Vgl. 2,5,72ff.143ff.158 ff.

4 Vgl. 2,5,106 ff.

5 Vgl. 2,4,72 ff.

6 In einem Repetundenprozeß (*quaestio de repetundis* »Verfahren wegen Erpressungen«) durfte der Angeklagte nur zu einfachem Geldersatz der erpreßten Werte verurteilt werden. Sollte Verres in diesem Prozeß straffrei ausgehen, werde man ihn, wie 2,1,11 ff. ausgeführt wird, vor dem Gerichtshof für Unterschlagungen öffentlicher Gelder (*quaestio de peculatu*; übliche Strafe: vierfacher Wertersatz) oder vor dem Gerichtshof für Hochverrat (*quaestio de maiestate*; Strafe: Verbannung) anklagen; sollte er auch dort freigesprochen werden, wolle Cicero als Ädil ihn vor ein außerordentliches Volksgericht bringen.

7 Vgl. 2,5,63 ff.

8 Vgl. 2,1,34 ff.
9 Cn. Papirius Carbo: Konsul 85, 84 und 82.
10 In Zeiten der Not gab der Senat den Provinzstatthaltern den Auftrag, zusätzliches Getreide (die sogenannte *altera decumana* den »zweiten Zehnten« und, falls das Getreide immer noch nicht reichen sollte, weiteres) zu einem festgesetzten Preis zu kaufen. Offenbar handelt es sich hier um die Summen, die Verres als Statthalter von Sizilien zu diesem Zweck erhalten und zum Teil unterschlagen (vgl. 2,3,163.170 ff.) bzw. von denen er Abzüge zu seinen Gunsten gemacht hatte (vgl. 2,3,180 ff.).
11 Vgl. 2,4,73ff.93.97ff.120 ff.
12 Cicero veranlaßte, daß sie ins Gefängnis geworfen wurden. Vgl. 2,5,76.
13 Vgl. 2,5,158 ff.
14 Das bedeutet soviel wie »das ganze römische Volk«. Denn dieses war in 35 Wahlbezirke (*tribus*) eingeteilt. Die 35 Tribus bildeten die *comitia tributa*, d. h. eine Form der Volksversammlung, in der sie abstimmten. Die Tributkomitien waren u. a. für politische Prozesse zuständig.
15 Vgl. 2,5,73ff.156.
16 Vgl. 2,5,155 f.
17 Die Latomien (*lautumiae*, griech. λατομίαι) wurden ursprünglich, wie der Name sagt, von Syrakus als Steinbrüche, später als Gefängnis benutzt. Vgl. 2,5,68.
18 Vgl. 2,5,147.
19 Cicero wird als Ädil die Tributkomitien, die gewöhnlich auf dem Forum stattfanden, von der erhöhten Rednerbühne (*rostra*) leiten.
20 Die alte Gewohnheit, die Cicero wieder aufnimmt, besteht darin, daß er als Ädil des kommenden Jahres und in vorgerücktem Alter Anklage erhebt; früher hätten sich die ältesten Männer des Staates dieser Aufgabe unterzogen; jetzt sei die Anklage vor Gericht in den Händen unerfahrener junger Adliger und gewerbsmäßiger Denunzianten, wie Cicero in der *Rede gegen Caecilius* (66 ff.) ausführt.
21 Vgl. die *Rede gegen Caecilius*: Caecilius hatte sich ebenfalls um das Recht der Anklageerhebung beworben, war aber in einem Vorverfahren (*Divinatio* »Bestimmung des Anklägers«) unterlegen. Einige der Geschworenen im Prozeß gegen Verres hatten bereits der Kommission angehört, die in diesem Vorverfahren zugunsten Ciceros entschied.

22 Vgl. 2,2,99 und 1,6.

23 Ein Senator konnte, wenn er in Privatangelegenheiten in eine Provinz reiste, einem Gesandten in amtlichem Auftrag gleichgestellt werden und das Recht der Bewirtung in Anspruch nehmen (legatio libera). Ciceros Uneigennützigkeit zeigte sich darin, daß er auf dieses Recht verzichtete und nur die Bewirtung durch seine Gastfreunde in Anspruch nahm, obwohl er doch im Interesse Siziliens tätig war. Vgl. auch 2,4,25.

24 Das Gericht bzw. der Gerichtsvorsitzende stattete den Ankläger mit der Vollmacht aus, zwangsweise Zeugen vorzuladen und Urkunden zu beschaffen. Vgl. 2,1,51; 2,2,64.186 ff.; 2,3,112; 2,4,146 ff.

25 *Hinc:* eigtl. »von hier«; sc. »aus Rom«.

26 Gemeint ist die Verfassung Sullas, insbesondere seine Reform des Gerichtswesen. Vgl. 1,49.

27 Prätor 77, als Statthalter von Sizilien (76–75) der zweite Amtsvorgänger des Verres. Vgl. 2,2,139; 2,3,156 ff.

28 Vgl. 1,22 ff.

29 Am Nachmittag des 5. August 70, als Cicero die *Erste Rede gegen Verres* hielt.

30 Gleichfalls am 5. August.

31 Vgl. 1,31.

32 Cicero meint, es komme ihm nicht so sehr darauf an, wieviel an Beute er Verres zugunsten der Sizilier abnehmen könne, d. h. zu welcher Ersatzsumme Verres verurteilt werde.

33 Vgl. 2,1,6, ferner die *Rede gegen Caecilius* 8.

34 Hortensius hatte sich wohl darüber beschwert, daß Cicero in der ersten Verhandlung keine ausführliche zusammenhängende Rede gehalten habe; dadurch wurde er daran gehindert, mit einem ausführlichen Plädoyer zu antworten.

35 Weil der erste Termin, an dem keine zusammenhängenden Reden gehalten worden waren, nach Antonius' Meinung als solcher nicht angesehen werden kann.

36 Cicero meint: Der Gesetzgeber hat angeordnet, daß dem, der zuletzt gesprochen hat (d. h. dem Ankläger, der in der zweiten Verhandlung seine zweite Rede gehalten hat) geantwortet werden muß. Infolgedessen hat der Ankläger die Möglichkeit, in der zweiten Verhandlung neues Anklagematerial vorzubringen. Das wäre ihm nicht möglich, wenn der Verteidiger nicht darauf antworten dürfte. Folglich hat der Gesetzgeber die zweite Ver-

handlung zum Vorteil des Anklägers festgesetzt. Eine etwas sophistische Argumentation Ciceros; denn auch der Angeklagte und sein Verteidiger hatten von neuem die Gelegenheit, auf die Anklage einzugehen.

37 C. Servilius Glaucia: Prätor 100. In dem Erpressungsgesetz, das er als Volkstribun beantragte, stand u. a. die von Cicero hier erwähnte Änderung des Verfahrens.

38 Das Acilische Gesetz ist das ältere; es war von dem Volkstribunen M.' Acilius Glabrio, einem Anhänger des C. Gracchus, im Jahre 122 beantragt worden; vgl. 1,51.

39 Das Verfahren gegen Verres wurde freilich nicht mehr nach dem Servilischen, sondern nach dem von Sulla erlassenen Gesetz durchgeführt. Sullas Gesetz hatte allerdings die prozessualen Bestimmungen, auf die es Cicero hier ankommt, beibehalten.

40 Vgl. 2,2,19 ff.

41 Stadt an der Nordküste Siziliens; die Ruinen der Stadt liegen nordwestlich der heutigen Stadt Tusa.

42 C. Licinius Sacerdos war als Stadtprätor (75) und als Statthalter von Sizilien (74) der Amtsvorgänger des Verres.

43 Auf dem Eryx, einem Berg an der Nordwestspitze Siziliens, gab es ein Heiligtum der Venus; vgl. die *Rede gegen Caecilius* 55 ff.

44 Vgl. 1,6.

45 Vgl. 1,29 ff.

46 Es gab Leute, die aus der Bestechung von Richtern und Wahlkörperschaften ein Gewerbe machten; vgl. 1,16.

47 Zum Sohn des Verres vgl. 2,3,159 ff.

48 Parteigänger des Marius, Konsul 85, 84 und 82.

49 Seit Sulla gab es keine besonderen Provinzialprätoren mehr, sondern jeder Prätor und jeder Konsul übernahm nach seinem Amtsjahr in Rom als Proprätor (*pro praetore*) bzw. als Prokonsul (*pro consule*) eine Statthalterschaft. Gleichwohl wurde der alte, nunmehr ungenaue Ausdruck »Prätor« für den Provinzialstatthalter beibehalten.

50 Vgl. Anm. 48. Carbo ging 83 nach Gallia Cisalpina (Oberitalien nördlich des Rubikon), um Truppen auszuheben und dieses Gebiet angesichts der erwarteten Rückkehr Sullas zu sichern.

51 Nach Gallia Cisalpina; vgl. Anm. 50.

52 Im lat. Text steht *sortem*; *sors* ist das »Los«. Die Amtsbereiche wurden den Beamten durch das Los zugeteilt. Das Los galt als heilig und unverletzlich, da es den Willen der Götter kundtat. So

verletzte Verres nicht nur das Treueverhältnis zu seinem Vorgesetzten, sondern auch die Heiligkeit des Loses. Vgl. die *Rede gegen Caecilius* 46 und 65.

53 »Prätorische Kohorte« ist die Bezeichnung für die Leibwache und das Gefolge eines Oberbefehlshabers oder Statthalters, in diesem Falle des Konsuls Carbo.

54 Stadt an der Adria (heute Rimini); sie wurde von den Sullanern durch Verrat genommen und geplündert.

55 P. Cornelius Lentulus Sura und L. Valerius Triarius waren Quästoren unter Sulla (81).

56 M. Pupius Piso Calpurnianus Frugi war 61 Konsul.

57 L. Cornelius Scipio Asiaticus war Konsul 83 und Anhänger des Marius.

58 Samniterstadt in Kampanien (heute Benevento).

59 Nach seinem Sieg über die Marianer (82) erklärte Sulla seine Gegner für vogelfrei; er verschenkte oder verschleuderte einen großen Teil ihrer Güter an seine Anhänger.

60 Cn. Cornelius Dolabella: Prätor 81, in den beiden folgenden Jahren Statthalter von Kilikien. C. Publicius Malleolus war Quästor bei Dolabella. Vgl. 2,1,77.95 ff.

61 *Allegationibus – legationem*: ein unübersetzbares Wortspiel.

62 Stadt an der Nordküste der Peloponnes, nicht weit von Korinth entfernt.

63 Cicero verweist auf Buch 4, das allerdings nur die sizilischen Kunstdiebstähle des Verres schildert.

64 Aus dem Athenatempel, dem Parthenon auf der Akropolis.

65 Kleine Kykladeninsel in der Nähe von Mykonos; in römischer Zeit bedeutender Handelsplatz.

66 Zitat aus der Tragödie *Achilles* von Ennius.

67 Z. B. in dem homerischen Hymnos auf Apollon.

68 Gemeint ist die römische Provinz Asien, das westliche Küstengebiet Kleinasiens mit den vorgelagerten Ägäis-Inseln wie Chios und Samos.

69 Hafenstadt an der Westküste Kleinasiens, gegenüber der Insel Chios.

70 Hafenstadt in Karien, an der Südwestküste Kleinasiens, gegenüber der Insel Kos.

71 Kleine Ägäis-Insel vor der Küste von Troja, gegenüber dem Vorgebirge Sigeion.

72 Ein an das Forum angrenzender Platz, auf dem Volksversammlungen stattfanden; er wurde ebenso wie das Forum während der

Festspielzeit mit Statuen geschmückt, die man z. T. aus den Provinzen zu leihen pflegte.

73 C. Claudius Nero (Prätor 81, Statthalter von Asien 80/79) konnte den Samiern keine andere Antwort geben, da Verres Legat des Dolabella war und ihm nicht unterstand.

74 An die Räume des Hauses, um die Beseitigung von Gegenständen zu verhindern, die beim Prozeß als Beweismittel dienen konnten.

75 Cicero meint, mit der Entfernung der Statuen könne Verres gegen ihn, den Ankläger, nichts mehr ausrichten, da er Zeugen für seine Behauptungen beibringen könne. Verres habe also bereits an seine Verurteilung und die damit verbundene Beschlagnahme seines Besitzes durch den Quästor und die Versteigerung desselben durch den gewerblichen Aufkäufer (*sector*) gedacht und damit ein Eingeständnis der Schuld abgelegt.

76 Landschaft an der Südküste Kleinasiens, zwischen Karien und Kilikien.

77 Mit dem Ausdruck »nach innen spielen« bezeichnete man eine bestimmte Technik des Zitherspiels. Im Sprichwort bedeutet »nach innen« soviel wie für sich selbst, zu eigenem Genuß. Cicero meint, Verres habe den »nach innen spielenden« Zitherspieler noch übertroffen, indem er die Statue im Innersten seines Hauses aufstellte, um den Genuß an dem Kunstwerk für sich allein zu haben.

78 Stadt in Pamphylien, westlich von Aspendos.

79 Im Jahre 212; vgl. 2,4,120 f.

80 L. Cornelius Scipio Asiaticus besiegte 190 in der Schlacht bei Magnesia den König Antiochus III. von Syrien.

81 T. Quinctius Flamininus (Konsul 198) besiegte in der Schlacht bei Kynoskephalai König Philipp V. von Makedonien (197).

82 L. Aemilius Paullus Macedonicus (Konsul 182 und 168) besiegte Perseus von Makedonien in der Schlacht bei Pydna (168).

83 Der Konsul L. Mummius zerstörte Korinth 146.

84 Olympos ist eine in Kilikien gelegene Stadt, Stützpunkt der Seeräuber, die P. Servilius Vatia Isaurikus (Konsul 79) von Kilikien aus bekämpfte (78–74).

85 Vgl. 2,1,49.

86 Als Stadtprätor mußte Verres die Apollinarischen Spiele leiten; dabei schmückte er offenbar Forum und Comitium mit den in der Provinz gestohlenen Kunstwerken.

87 Ein Hieb gegen Hortensius; vgl. 1,35.

88 D. h. alle Untertanen Roms; der Doppelausdruck bezeichnet das unterschiedliche Rechtsverhältnis zu Rom. Vgl. die *Rede gegen Caecilius 7*.
89 Eine ironische Bemerkung: eine kaufmännische Tätigkeit vertrug sich nicht mit der Würde einer Amtsperson.
90 Gemeint ist der berühmte Redner (Konsul 99).
91 D. h. bis zum Jahre 73.
92 D. h. unvermischten Wein, mit dem man den Göttern huldigte und auf das Wohl der Freunde trank.
93 C. Fabius Hadrianus war Statthalter der Provinz Afrika (82); er hatte seinen Amtssitz in Utica, einer Hafenstadt westlich von Karthago. Da er ein Anhänger des Marius war und inzwischen Sulla die Macht errungen hatte, wurde sein gewaltsamer Tod nicht verfolgt.
94 Ein höherer Stabsoffizier. Vgl. 1,30.
95 Ein Statthalter durfte während seiner Amtszeit ohne Erlaubnis des Senates seine Provinz nicht verlassen. Dolabella führte offenbar Krieg gegen irgendwelche unruhigen Grenzstämme.
96 Stadt in Phrygien.
97 Weil Dolabella im Exil die Abrechnung des Verres nicht beanstanden konnte. Im übrigen vergleiche zu dem ganzen Abschnitt 2,1,41.95 ff.
98 Verres konnte erst angeklagt werden, wenn seine Amtszeit beendet und er ins Privatleben zurückgekehrt war.
99 Die Römer erkannten offenbar das Asylrecht nicht an, zumal es sich in diesem Fall um einen Sklaven handelte.
100 Hafenstadt an der Südwestküste Kleinasiens, unweit von Halikarnaß.
101 Sie gehörten zur römischen Flotte; vgl. 2,1,89 f.
102 Ehemalige Offiziere der marianischen Partei. Sie betätigten sich als Unterhändler zwischen Mithridates VI. von Pontos, der 74–67 seinen dritten Krieg gegen Rom führte, und Sertorius, der große Teile Spaniens besetzt hielt. Vgl. *Rede über den Oberbefehl des Pompeius* 9 f.
103 Hafen an der spanischen Ostküste gegenüber der Insel Ibiza.
104 Hafenstadt an der Südküste des Schwarzen Meeres, Residenz der pontichen Könige.
105 L. Licinius Murena war Statthalter von Asien und römischer Oberbefehlshaber im 2. Krieg gegen Mithridates (83–81).
106 Im Februar empfing der Senat die Gesandten auswärtiger Staaten, um Bitten und Beschwerden anzuhören; die Konsuln

setzten die Termine fest. Die milesischen Gesandten sahen diesem Zeitpunkt mit Bangen entgegen, weil sie wußten, daß dann Hortensius und Metellus, die Konsuln des Jahres 69 und Freunde des Verres, den Vorsitz führen würden.

107 Die Römer benutzten für die Buchführung zusammenklappbare Holztafeln, die mit Wachs überzogen waren.

108 Chrysogonos war ein Sklave des Verres. Da Sklaven nur im Namen ihres Herrn Geschäfte machen durften, war also in Wirklichkeit Verres Darlehensschuldner des jungen Malleolus.

109 Vgl. 2,1,36.

110 Von den Sklaven des Malleolus.

111 Sklaven konnten durch ihre Arbeit Vermögen erwerben. Zu diesem Sondervermögen (*peculium*) konnten auch Sklaven, die sogenannten Stellvertreter (*vicarii*), gehören, die häufig die niederen Dienste zu tun hatten.

112 Sonst war das erste Erscheinen der jungen Leute auf dem Forum ein freudiges Ereignis, da sie dort in einer feierlichen Zeremonie die *toga virilis* (»Männertoga«) erhielten. Sie durften von da ab an den Volksversammlungen teilnehmen.

113 Bewohner des Berglandes, das den nördlichen Teil Lykiens und das südwestliche Pisidien umfaßt.

114 Vgl. 2,3,188 ff.

115 Nach seiner Rückkehr aus Kilikien wurde Dolabella wegen Erpressungen angeklagt; er ging daraufhin in die Verbannung.

116 D. h. über seine Statthalterschaft in Sizilien.

117 Daß es Verres ebenso ergehen werde wie Dolabella.

118 D. h. als Ergebnis der eben geschilderten Fälschungen.

119 Außerordentliche Gelder sind eigentlich größere Summen, die man auf einmal (z. B. durch Erbschaft oder Schenkung) erhielt. Der Ausdruck ist hier ironisch gemeint.

120 Da Verres die Beträge in seinen Geschäftsbüchern nicht vermerkte, konnte Cicero ihm nur auf die Spur kommen, indem er die Bücher seiner Geschäftspartner (z. B. der Curtii; vgl. das Folgende) prüfte.

121 Ironisch: Die *assiduitas*, d. h. die beständige Anwesenheit und das Bemühen, die Gunst möglichst vieler Mitbürger zu gewinnen, um bei der Wahl ihre Stimmen zu erhalten, ist der einzig rechtmäßige Weg, Ämter zu erlangen.

122 Wegen Wahlbestechung (*de ambitu*).

123 Die Aufsicht über den Zustand der öffentlichen Gebäude gehörte eigentlich zu dem Geschäftsbereich der Zensoren. Da

Sulla die Zensur abgeschafft hatte, wurde diese Aufgabe von Fall zu Fall den Konsuln und bestimmten Prätoren übertragen.

124 Chelidon (griech., »die Schwalbe«) war die Geliebte des Verres. Die römischen Magistrate beobachteten bei ihrem Amtsantritt von einem Zelte aus sitzend den Vogelflug. Wurde ihnen ein günstiges Zeichen zuteil, erhoben sie sich und gingen fort. Verres aber erhob sich, nachdem ihm seine »Schwalbe« ein *omen*, d. h. Ratschläge für seine Amtsführung gegeben hatte.

125 D. h. die Aufsicht über die Zivilrechtsprechung unter römischen Bürgern.

126 Bei den Römern war nur ein Teil des Zivilrechts gesetzlich festgelegt. Jeder für die Zivilrechtsprechung zuständige Prätor erließ bei seinem Amtsantritt ein Edikt, in dem er die rechtlichen Grundsätze, nach denen verfahren werden sollte, festlegte. Er schloß sich dabei möglichst eng an das Edikt seines Vorgängers an, konnte aber auch neue Grundsätze schaffen, wenn die vorhandenen für einen vorliegenden Fall nicht geeignet waren. So ergänzte das prätorische Recht (auch *ius honorarium* genannt, weil es von dem Träger eines Amtes = *honor* gesetzt wurde) »zunehmend das altzivile Recht und gewann dadurch, daß es die Privatrechtsordnung an die veränderten Verhältnisse anpaßte, schließlich das entscheidende Gewicht« (J. Bleicken).

127 Im Jahre vor der Stadtprätur des Verres. Vgl. 2,1,27.

128 Seit 366 wurden alle fünf Jahre zwei Zensoren gewählt, die u. a. eine Vermögensschätzung (*census*) vornahmen. Wer sich dieser Schätzung zu entziehen suchte, verlor Bürgerrecht und Freiheit (vgl. Gaius, *Institutionen* I,160). Annius scheint jedoch gegen die Pflicht, vor den Zensoren zu erscheinen und seine Vermögensverhältnisse anzugeben, nicht verstoßen zu haben, da in den Jahren von 86 bis 70 infolge des marianisch-sullanischen Bürgerkrieges kein *census* abgehalten wurde.

129 Hieraus ergab sich die im folgenden geschilderte Rechtsfrage: nach der im Jahre 169 erlassenen *lex Voconia* war es den Bürgern, die der ersten Vermögensklasse angehörten, verboten, Frauen als Erben einzusetzen. »Auf diese Weise wollte man offenbar deren Emanzipation bekämpfen sowie verhindern, daß die großen Vermögen dem Mannesstamme, dem ›Hause‹ verlorengingen« (Fuhrmann). Das Vermögen des Annius hat offenbar dem für die erste Klasse erforderlichen Satz entsprochen; allerdings – und das macht Cicero geltend – war das nicht amtlich festgestellt worden (vgl. Anm. 128).

130 Ersatzerben wurden für den Fall eingesetzt, daß der an erster Stelle Bedachte – in diesem Falle die Tochter – die Erbschaft nicht antrat.

131 Eine Verallgemeinerung; gemeint ist die Tochter. Ebenso 2,1,110.113.

132 A. Postumius Albinus und Q. Fulvius Flaccus waren 174 Zensoren.

133 *Das*: sein Testament.

134 Das Erbrecht der Frauen war nach dem Voconischen Gesetz nur für den Fall eingeschränkt, daß das Vermögen des Erblassers mindestens 100000 As betrug und bei den Zensoren angemeldet war (vgl. Gaius, *Institutionen* II,274). Verres strich in seinem Edikt diese Klausel, um eine Frau in jedem Falle, auch wenn das Vermögen nicht in der Liste der Zensoren registriert war, von der Erbschaft ausschließen zu können. Cicero rügt hier, daß Verres seiner Gesetzesänderung rückwirkende Geltung verlieh; der Ton liegt also auf »Gemacht hat«.

135 Ein Testament, das die nächsten Angehörigen von der Erbschaft ausschloß, galt als Verletzung der Liebes- und Fürsorgepflicht gegen diese und konnte angefochten werden.

136 Q. (nicht C.) Voconius Saxa: Volkstribun 169.

137 Gemeint ist die von Sulla erlassene *lex Cornelia* über Fälschungen (*de falsis*), die u. a. Testamentsfälschungen und Falschmünzerei mit Strafen belegte.

138 Die Geschworenengerichte urteilten im Namen des Volkes.

139 Diese Gesetze aus der mittleren Republik regelten einzelne zivilrechtliche Fragen.

140 Weil er seinem Edikt rückwirkende Kraft verleiht.

141 »Eine andere Bestimmung der *lex Voconia* verbot den Angehörigen der ersten Steuerklasse mehr an Vermächtnissen auszusetzen als der Alleinerbe oder die Miterben erhielten; auch sie galt nur für Vermögen, die in der Liste der Zensoren registriert waren. Cicero meint, daß Verres die *census*-Klausel nicht nur beim Frauenerbrecht, sondern auch bei überhöhten Vermächtnissen gestrichen hätte, wenn es ihm um die Sache,um die Beseitigung einer nicht mehr zweckmäßigen Formvorschrift, gegangen wäre« (Fuhrmann).

142 Wie die Prätoren in Rom, so erließen auch die Provinzstatthalter Edikte, in denen sie die Grundsätze der Rechtsprechung festlegten.

143 D. h. nach dem Edikt der folgenden Stadtprätoren, das den alten Rechtszustand wiederhergestellt hatte.

144 Cicero wirft Verres Inkonsequenz vor: er richte sich in Sizilien nicht nach der von ihm in seinem städtischen Edikt eingeführten Bestimmung.

145 Die Kinder römischer Bürger trugen eine weiße, mit einem Purpursaum verbrämte Toga (*toga praetexta*), die Knaben bis zu ihrem siebzehnten Jahr, die Mädchen bis zu ihrer Heirat. Außerdem trugen sie eine Kapsel (*bulla*), in der sich ein Amulett befand; die Kapsel war, wenn es die Vermögensverhältnisse der Eltern erlaubten aus Gold gefertigt. »Der Schmuck des Wohlstandes« bezieht sich offenbar auf die goldene Kapsel, »der Schmuck der freien Geburt« auf die Purpurtoga. Vgl. 2,1,151 f.

146 Cicero meint, daß es sich um eine bewährte Vorschrift handeln muß, da jeder Prätor sie von seinem Vorgänger übernommen hat.

147 Rechtsschulen, in denen man Unterricht erhalten konnte, gab es erst in der Kaiserzeit.

148 Im Zwölftafelgesetz, der ersten Kodifikation des Rechts aus der Zeit um 450, heißt es: »Wenn kein Agnat vorhanden ist, so sollen die Gentilgenossen den Nachlaß haben« (Tafel V,5), d. h. die Angehörigen des Geschlechts, also die entfernten Verwandten, erhielten die Erbschaft, wenn weder Kinder noch nähere Verwandte vorhanden waren. Die entsprechende Bestimmung des prätorischen Ediktes hielt sich an dieses Grundsatz.

149 Der testamentarische Erbe hatte gegenüber dem gesetzlichen Erben, der im Besitze der Erbschaft war, zwei Möglichkeiten, seinen Anspruch geltend zu machen: er konnte entweder direkt die Herausgabe der Erbschaft verlangen oder zunächst auf die Feststellung klagen, daß er in Wirklichkeit der Erbe sei. Im zweiten Falle schlossen beide Gegner einen Prozeßvertrag: Der Kläger ließ sich auf seine Frage (*dari spondes?* »Gelobst du, daß gegeben wird?«) vom Beklagten das haftungsbegründende Versprechen geben (*spondeo* »ich gelobe es«) für den Fall, daß sein Anspruch sich als richtig erweise, eine vereinbarte Summe zu zahlen. Ferner mußte der Beklagte mit Bürgenstellung zusichern, daß er im Falle des Unterliegens die Erbschaft herausgeben und eventuellen Schadenersatz leisten werde.

150 Dieser Satz enthält den eigentlichen Vorwurf: Ein angeblich eingesetzter Erbe brachte die hinterlassenen Güter an sich und bewog Verres durch Bestechung, den normalen, in 2,1,114 ff.

beschriebenen Rechtsbrauch in seinem städtischen Edikt zu ändern, so daß derjenige in den Besitz des Erblassers eingewiesen wird, der behauptet, »Erbe zu sein«. Daß er diese Änderung seines Edikts nur zugunsten einer Person vorgenommen hat, erhellt daraus, wie sich aus dem folgenden ergibt, daß er in seinem sizilischen Edikt zu dem althergebrachten Verfahren zurückkehrte.

151 Das Testament mußte zur Zeit Ciceros von mindestens fünf Zeugen versiegelt werden.

152 L. Calpurnius Piso Frugi war 74 Prätor und Amtsgenosse des Verres. Als solcher hatte er das Recht, die Entscheidungen des Verres durch seinen Einspruch (*intercessio*) aufzuheben.

153 Ein unübersetzbares Wortspiel mit dem Namen Verres und dem Worte *ius*: *verres* bedeutet »Eber«, »Schwein« (vgl. die *Rede gegen Caecilius* 57); *ius* sowohl »Recht« als auch »Brühe«. *Ius verrinum* kann also als »Eberbrühe« und »Recht des Verres« verstanden werden.

154 C. Licinius Sacerdos war Amtsvorgänger des Verres. Der Beiname *Sacerdos* bedeutet Priester; die Priester hatten u. a. die Aufgabe, auch Schweine als Opfertiere zu schlachten. Die Leute waren also unwillig darüber, daß der Prätor »Priester« ein solch nichtsnutziges Schwein wie Verres nicht geschlachtet, d. h. verurteilt habe.

155 Der ältere Cato (Konsul 195) brachte ein Gesetz durch, das den Beamten verbot, römische Bürger zu züchtigen.

156 Gegen die *lex de Cornelia de proscriptionibus* (das Ächtungsgesetz) Sullas. Vgl. 2,1,30.

157 Im lat. Text steht *patronus*, d. h. der ehemalige Eigentümer eines Sklaven war nach dessen Freilassung der Patron. Der freigelassene Sklave stand zu diesem in einem Treueverhältnis, d. h. er war seinem Patron Ehrerbietung und Gehorsam schuldig.

158 Cicero will sagen, Verres hätte sich als Prätor für Zivilsachen nicht um die Beachtung des sullanischen Ächtungsgesetzes zu kümmern brauchen; doch sind seine Ausführungen juristisch nicht sehr überzeugend; offenbar soll vor allem die moralische Seite der Angelegenheit Eindruck machen.

159 Der Stand der Freigelassenen.

160 Sulpicius war demnach ein Freigelassener. Wenn ein Freigelassener ohne Kinder starb, pflegte der Prätor dem Schutzherrn (*patronus*) oder dessen Kindern einen Pflichtteil von dem hin-

terlassenen Erbe zuzusprechen. Dieser Anspruch des Schutzherrn und seiner Nachkommen wurde zwar erst im Jahre 9 n. Chr. durch die *lex Papia Poppaea* gesetzlich festgelegt, aber die Verfügung des Verres entsprach wohl dem damaligen Rechtsbrauch, auch wenn sein Vorgänger Sacerdos nichts Entsprechendes anordnete. Cicero beanstandet daher nicht, wie das Folgende zeigt, die Verfügung selbst, sondern die Tatsache, daß Verres ihr rückwirkende Kraft verlieh.

161 L. Gellius Publicola war Konsul 72, Zensor 70.

162 Für seine Agenten.

163 Einer der beiden Brüder war wohl durch Adoption Angehöriger eines anderen Geschlechts geworden. Daher die Namensverschiedenheit der beiden Brüder.

164 An der Südseite des Forums.

165 Konsuln des Jahres 80.

166 Konsuln des Jahres 75.

167 Sie amtierten ebenfalls im Jahre 75.

168 Beide amtierten im Jahre 74.

169 Die Aufsicht über die Instandhaltung der öffentlichen Gebäude und Tempel hatten die Zensoren. Sie vergaben die notwendigen Arbeiten an private Unternehmer. Diese Verträge galten für fünf Jahre, d. h. von einer Zensur bis zur folgenden. Nachdem Sulla die Zensur abgeschafft hatte, blieb die Frist von fünf Jahren zwar bestehen, an Stelle der Zensoren wurde diese Aufgabe aber von jeweils dazu bestimmten Konsuln oder Prätoren übernommen. So hatten die Konsuln des Jahres 75 zwar die neuen Verträge abgeschlossen, aber mit der Abnahme der noch nicht überprüften Gebäude waren sie und die damit beauftragten Prätoren im Rückstand geblieben. Diese Abnahme sollten nun die Prätoren des Jahres 74, Verres und Caelius, durchführen. Erst danach konnten die Gebäude den neuen Unternehmern übergeben werden.

170 Habonius hatte schon im Jahre zuvor von den Konsuln Octavius und Cotta den Zuschlag für die Ausbesserungsarbeiten am Kastortempel erhalten.

171 Vgl. 2,1,126.

172 L. Domitius Ahenobarbus: Konsul 54.

173 In dem Kreuzverhör, das Cicero mit ihm anstellte.

174 D. h. für die Kosten, die aus der Beseitigung der angeblichen Schäden entstanden wären. Vgl. 2,1,144 ff.

175 Vgl. 1,31.

176 Sc. um sein Gebot zu machen.
177 Den Habonius. Vgl. 2,1,146 ff.
178 Vgl. 2,1,106 ff.
179 Zensoren im Jahre 115.
180 Zensoren im Jahre 125.
181 Zensoren im Jahre 86. Der ältere Junius hatte wohl damals zum ersten Male die Instandhaltung des Kastortempels übernommen. Der Vertrag war von den Konsuln des Jahres 80 erneuert worden.
182 Die Ädilen waren verpflichtet, auf eigene Kosten die öffentlichen Spiele zu veranstalten; dabei ließen sie, wenn sie das Forum schmückten, die Säulen der angrenzenden Tempel übertünchen.
183 Habonius hatte von dem bisherigen Unternehmer, d. h. von Junius, die Instandhaltung übernommen. Er erhielt auch den Auftrag, den angeblichen Mangel zu beseitigen, für den Junius haftete. »Folglich hätte Verres, wenn man Cicero glauben dürfte, eine sinnlose Klausel in den Kontrakt eingefügt. In Wahrheit verhielt es sich anders. Die Klausel muß folgendermaßen wiedergegeben werden: ›Der Unternehmer soll für etwaigen Schaden dem Sicherheit leisten, der auch von dem vorigen Unternehmer Sicherheit empfangen hat.‹ Sie sollte also die Besitzer angrenzender Grundstücke schützen, nicht den Unternehmer, dem die Instandhaltung oblag« (Fuhrmann).
184 Eine als mangelfrei abgenommene Arbeit verbuchte der Beamte unter den empfangenen Leistungen, den »Einnahmen«.
185 Vgl. 2,1,113.
186 L. Appuleius Saturninus (Volkstribun 100) war wie Gracchus ein popularer Politiker.
187 Die Tochter des P. Annius Asellus. Vgl. 2,1,104 ff.
188 Vgl. 2,5,42 ff.
189 L. Caecilius Metellus Dalmaticus (Konsul 119) besiegte die Dalmater, einen kriegerischen Volksstamm in Illyrien. Er bestritt mit seinem Beuteanteil die Kosten für die Erneuerung des Kastortempels.
190 Die Statue des Gottes Vertumnus (oder Vortumnus) war ein Wahrzeichen der tuskischen Straße, die vom Forum zum Circus Maximus führte. Auf ihr wurden zu Beginn der Zirkusspiele die Götterbilder in einem Festzuge zum Circus Maximus gebracht. Verres hatte als Prätor die Pflasterung dieser Straße in Auftrag gegeben und die äußerst schlechte Arbeit für ein Ent-

gelt als gut abgenommen. Er mied diese Straße, um etwaigen Vorwürfen aus dem Wege zu gehen.

191 Sulla hatte die Rechte der Volkstribunen eingeschränkt. Q. Opimius wurde vorgeworfen, er habe sich als Volkstribun (75) über diese Schranken hinweggesetzt. Er wurde wegen Amtsmißbrauch angeklagt. Da der Fall in einem Ausnahmeverfahren behandelt wurde, übertrug man die Leitung dem Stadtprätor, obwohl ein Strafprozeß (*iudicium publicum* »ein die Interessen der Öffentlichkeit, des Staates berührender Prozeß«) gewöhnlich vor einer der ständigen Strafkammern (*quaestiones perpetuae*) unter Leitung eines Prätors stattfand.

192 C. Junius war Vorsitzender des Gerichtshofes für Giftmordsachen (*quaestio de veneficiis*). Während des Prozesses, den Cluentius Habitus gegen seinen Stiefvater Oppianicus im Jahre 74 führte, hatte Junius durch Nachlosung bestechliche Richter bestellt. Verres, der für die Geschworenenliste zuständig war, war offenbar in diesen Vorgang verwickelt. Später wurde das Urteil angefochten und Junius und sein Geschworenenkollegium wurden wegen Bestechlichkeit angeklagt. Verres fürchtete, ebenfalls zur Verantwortung gezogen zu werden, und fälschte daher die Liste (vgl. Ciceros *Rede für Cluentius Habitus* 63 ff. 89 ff.).

193 Verres hatte offenbar die Geschworenenliste nicht nur mit seinem, sondern auch mit dem goldenen Ring seines Schreibers siegeln lassen. Zum goldenen Ring vgl. 2,3,185 ff.

194 Q. Curtius ist vielleicht mit dem in 2,1,100 erwähnten Geschäftspartner des Verres Q. Postumius Curtius identisch. Er leitete offenbar im Jahre 70 als *iudex quaestionis* ein Geschworenengericht, dessen Mitglieder aus derselben Richterliste (*decuria*) genommen wurden wie die Geschworenen des für Verres zuständigen Gerichts. Curtius suchte bei der Nachwahl die besten Geschworenen für sich zu gewinnen, so daß für den Gerichtshof des Verres nur bestechliche Geschworene übrigblieben. Cicero widersetzte sich mit Erfolg diesem Manöver.

Literaturhinweise

Ausgaben und Übersetzungen

Fuhrmann, M. (Hrsg.): M. Tullius Cicero. Sämtliche Reden. Bd. 3. Zürich/Stuttgart: Artemis, 1971.

Greenwood, L. H. G.: Cicero. The Verrine Orations. 2 Bde. Cambridge (Mass.): Harvard University Press, 1960–67. [Mit engl. Übers.]

Klotz, A. (Hrsg.): M. Tulli Ciceronis scripta quae manserunt omnia. Fasc. 12. Leipzig: B. G. Teubner, 1923.

La Ville de Mirmont, H. de: Cicéron Discours. T. 2. Paris: Les belles lettres, 1960. [Mit frz. Übers.]

Peterson, G. (Hrsg.): M. Tulli Ciceronis Orationes. Bd. 3. Oxford: Clarendon Press, 1907. ²1917. Repr. 1930 [u. ö., zuletzt 1965].

Sekundärliteratur

Albrecht, M. v.: Tullius Cicero. Sprache und Stil. In: Paulys Realencyclopädie der classischen Altertumswissenschaft. Suppl.-Bd. 13 Stuttgart 1973. Sp. 1238–1347.

Büchner, K.: Cicero. Heidelberg 1964.

Berger, D.: Cicero als Erzähler. Frankfurt a. M. / Bern / Las Vegas 1978.

Clarke, M. L.: Die Rhetorik bei den Römern. Göttingen 1968.

Drumann, W. / Groebe, P.: Geschichte Roms. Bd. 5,2. Leipzig 1919. S. 277–349.

Eisenhut, W.: Einführung in die antike Rhetorik und ihre Geschichte. Darmstadt 1977.

Fabri, P.: De humanitate Ciceronis erga provinciales in Verris crimine Lampsaceno describendo. In: Atti del i congresso internazionale di studi Ciceroniani. Roma 1961. S. 119–123.

Fuhrmann, M.: Cicero und die römische Republik. Eine Biographie. München 1989.

– Narrative Techniken in Ciceros Zweiter Rede gegen Verres. In: Der altsprachliche Unterricht 23,3 (1980) S. 5–17.

Gelzer, M.: M. Tullius Cicero als Politiker. In: Paulys Realencyclopädie der classischen Altertumswissenschaft. Bd. 7 A 1. Stuttgart 1939. Sp. 827–1091. [Auch als Sonderdr. ersch.]

Gelzer, M.: Cicero. Wiesbaden 1968.
Giebel, M.: Cicero. Reinbek 1977 [u. ö.]. Rowohlts Bildmonographien. 261.)
Habermehl, H.: C. Verres. In: Paulys Realencyclopädie der classischen Altertumswissenschaft. Bd. 8 A 2. Stuttgart 1958. Sp. 1561 bis 1633.
Habicht, Chr.: Cicero der Politiker. München 1990.
Marinone, N.: Quaestiones Verrinae. Cronologia del processo di Verre. Turin 1950.
Plasberg, O.: Cicero in seinen Werken und Briefen. Leipzig 1926. Nachdr. Darmstadt 1962.
Seel, O.: Cicero. Stuttgart 1953.
Stevenson, D.: Roman Provincial Administration till the Age of the Antonines. Oxford 1949.
Stockton, D.: Cicero. A Political Biography. Oxord 1971.
Thompson, L. A.: The relationship between provincial quaestors and their commanders-in-chief. In: Historia 11 (1962) S. 339–355.
Zielinski, Th.: Verrina – Chronologisches, Antiquarisches, Juristisches. In: Philologus 52 (1893) S. 248–294.

Nachwort

Zur Zeit Ciceros galt noch die von Sulla in den Jahren 81/80 v. Chr. geschaffene Ordnung des öffentlichen Strafrechts (*ius publicum*). Seit dieser Neuordnung gab es sieben ständige Gerichtshöfe (*quaestiones perpetuae*), die für politische Straftaten (z. B. Hochverrat, Amtserschleichung, Ausbeutung der Provinzen), aber auch für rein kriminelle Tatbestände (z. B. Mord, Fälschung, Gewaltanwendung) zuständig waren, und zwar jeder Gerichtshof für ein Delikt. Den Vorsitz in einem solchen Dauergericht führte ein Prätor. Dieser ließ aus einer Richterliste (*decuria iudicum*) eine bestimmte Anzahl von Richtern für den einzelnen Prozeß auslosen. Diese Richter waren keine Berufs-, sondern Laienrichter, also besser Geschworene. Zur Zeit des Verres-Prozesses durften nur Senatoren einer Geschworenenbank angehören. Dem Angeklagten und dem Ankläger stand das Recht zu, einige der Geschworenen abzulehnen (*reicere*) und eine Nachwahl (*subsortitio*) vornehmen zu lassen. Verres machte von diesem Recht ausgiebig Gebrauch: er lehnte sechs Geschworene ab. Cicero dagegen verwarf nur einen, weil es seiner Meinung nach seit Sullas Reform des Gerichtswesens keine bessere Geschworenenkammer gegeben habe.[1]

Einen Staatsanwalt kannte das römische Recht auch bei einem im Interesse des Staates durchgeführten Strafprozeß (*iudicium publicum*) nicht. Jeder unbescholtene Bürger war berechtigt, Anklage zu erheben.[2] Es war möglich, daß mehrere Personen als Ankläger zugelassen wurden, wenn sie sich über die Rollenverteilung einig waren, dergestalt, daß einer als Hauptankläger, die anderen als Mitankläger (*subscriptores*) fungierten. Ließ sich eine Verständigung und ein Zusammenwirken unter ihnen nicht herbeiführen, mußte eine vom Prätor einberufene Kommission in einem Vorverfahren

1 Vgl. 1,49 sowie 2,1,18 f.
2 Vgl. die *Rede gegen Caecilius* 66 ff.

(*divinatio*) den bestgeeigneten Ankläger ermitteln.[3] So mußte sich auch Cicero das Recht, als Ankläger zugelassen zu werden, gegen einen von der Partei des Verres vorgeschobenen Mitbewerber erkämpfen.[4] Er konnte sich mit einem solchen Erfolg durchsetzen, daß seinem Konkurrenten nicht einmal erlaubt wurde, bei der Anklage als *subscriptor* mitzuwirken.[5]

Mit einer Verzögerung von drei Monaten infolge der Winkelzüge der gegnerischen Partei[6] wurde der Prozeß gegen Verres am Nachmittag des 5. August 70 eröffnet.[7] In einem Repetundenprozeß[8] waren zwei Verhandlungen (*actiones*) vorgeschrieben. In der ersten pflegte der Ankläger in einer längeren zusammenhängenden Rede die Anklagepunkte vorzutragen und der Verteidiger mit einer eben solchen zu antworten. Da Cicero die Verschleppungstaktik seiner Gegner durchschaute,[9] verzichtete er darauf, bei der ersten Verhandlung die Taten des Verres in einem langen Plädoyer ausführlich darzulegen. Er begnügte sich vielmehr mit einem kurzen einstündigen Einleitungsvortrag,[10] in dem er erklärte, daß er sich sofort dem Beweisverfahren zuwenden werde. So behandelte er vom 6. August an Punkt für Punkt der Anklage, ließ zu jedem Punkt das Urkundenmaterial verlesen und die Zeugen auftreten. Dem Angeklagten und der Verteidigung stellte er anheim, sich zu den Punkten der Anklage zu äußern und Fragen an die Zeugen zu stellen.[11] Der Verteidiger des Verres, Antonius, versuchte zwar, Ciceros Vorgehen für unzu-

3 *Divinatio:* »Ahnung«, weil die Mitglieder dieser Kommission, die teilweise mit den Richtern der Geschworenenbank identisch waren, sich bei der Entscheidung von ihrem Eindruck leiten lassen und das Richtige gewissermaßen »ahnen« mußten.

4 Vgl. die ebenfalls *divinatio* genannte *Rede gegen Caecilius*.

5 Vgl. 2,1,15.

6 Vgl. 2,1,30.

7 Vgl. 1,31.

8 *Quaestio de repetundis pecuniis:* gerichtliche Untersuchung betreffend die Zurückzahlung der (sc. erpreßten) Gelder.

9 Vgl. 2,1,30 f.

10 Das ist die *Erste Rede gegen Verres*, die *actio prima*.

11 Vgl. 1,55.

lässig zu erklären[12] und in die Zeugenvernehmung einzugreifen,[13] doch gab er diesen Versuch unter dem Eindruck des Beweismaterials bald auf;[14] auch verzichtete er darauf, eine Gegenrede zu halten. Auf Verres wirkten die Zeugenaussagen und die Beweise derart, »daß der dritte Tag den Menschen so umwarf, daß er eine Krankheit vorschützte und nicht mehr überlegte, was er antworten solle, sondern wie er überhaupt nicht zu antworten brauche.«[15] Nach Abschluß der neuntägigen ersten Verhandlung[16] galt er in der Öffentlichkeit bereits als verurteilt.[17]

Da Verres keine Hoffnung mehr hatte, freigesprochen zu werden, erschien er bei der zweiten Verhandlung nicht mehr: er ging – wohl auf Anraten seiner Freunde – in die Verbannung und wurde in Abwesenheit schuldig gesprochen. Bei der sich daran anschließenden, von denselben Geschworenen vorgenommenen *litis aestimatio* (der Abschätzung des den Geschädigten zu erstattenden Geldbetrages) setzte sich Antonius mit einer längeren Rede so energisch für seinen Klienten ein, daß die Entschädigungssumme nur auf 3 Millionen Sesterzen festgesetzt wurde, obwohl von Verres nach Ciceros Worten[18] in Sizilien 40 Millionen Sesterzen erpreßt worden waren. Es mag sein, daß nicht mehr beschlagnahmt werden konnte, da Verres den größten Teil seines Vermögens rechtzeitig in Sicherheit gebracht hatte.

Da Verres zur zweiten Verhandlung nicht erschien, hatte Cicero keine Gelegenheit, eine großangelegte zusammenhängende Rede zu halten. Als Ersatz verarbeitete er die wichtigsten und eindrucksvollsten Partien des Anklagematerials zu einer ausführlichen Dokumentation, zur sogenannten *actio secunda* (die *Zweite Rede gegen Verres* in fünf Büchern). Dabei bediente er sich der Fiktion, daß Verres wider Erwar-

12 Vgl. 2,1,24.
13 Vgl. 2,1,71.151.156.
14 Vgl. 2,1,20.
15 Vgl. 2,1,20.
16 Vgl. 2,1,156.
17 Vgl. 2,1,20.
18 Vgl. 1,56.

ten doch zur zweiten Verhandlung erschienen sei und es sich bei dieser Dokumentation nicht um eine bloße Buchpublikation, sondern um eine wirklich gehaltene Rede handele, die die Entscheidung des Gerichts beeinflussen solle. Deshalb gibt er sich große Mühe, immer wieder den Eindruck einer realen Prozeßsituation aufrechtzuerhalten: er referiert wiederholt über den bisherigen Verlauf des Prozesses, gibt Hinweise auf die erste Verhandlung, rechtfertigt seine Taktik, appelliert an die Richter, sich der politischen Bedeutung des Prozesses bewußt zu sein, droht Maßnahmen an für den Fall, daß ihre Entscheidung sich nicht nach den Geboten von Recht und Moral richten werde, setzt sich mit dem Angeklagten und dem Verteidiger auseinander, zitiert Zeugenaussagen und läßt Urkunden verlesen, unterbricht oder beschließt eine längere Erzählung mit einer Würdigung der rechtlichen und moralischen Seite des Falles und vermittelt den Eindruck, daß die ganze Sache noch nicht abgeschlossen ist und der Sühne bedarf.

Die Absicht dieser Fiktion ist deutlich: Cicero wollte sich mit der *Zweiten Rede* als Anwalt und Politiker beim Volke empfehlen. Er wollte »seiner Dokumentation ein größeres Maß an Authentizität verschaffen« (Fuhrmann); der Leser sollte spüren, mit welcher Meisterschaft er auf die Geschworenen eingewirkt habe, so daß er durch den Sieg über Hortensius zu Recht als der erste Redner Roms gelte.[19]

Doch kann die Fiktion des Prozeßplädoyers nicht darüber hinwegtäuschen, daß die Rede nicht wirklich gehalten worden ist. Allein die Fülle des Stoffes sprengt den normalen Umfang einer Prozeßrede. Hinzu kommt, daß die *Zweite Rede* ein starkes literarisches Gepräge hat: die für die eigentliche Prozeßrede charakteristische Argumentation tritt zurück. Erzählende Partien herrschen vor. Die einzelnen Geschichten sind anschaulich und dramatisch aufgebaut und lassen sich leicht als selbständige Einheiten herauslösen.[20]

19 Vgl. *Brutus* 320–323.

20 Man nehme etwa – um bei dem Ersten Buch zu bleiben – als Beispiel die Philodamos-Geschichte (62–85) und die Junius-Affäre (128–154).

Das Erste Buch der *Zweiten Rede* behandelt die Zeit vor der sizilischen Statthalterschaft des Verres, die Bücher 2–5 die Statthalterschaft in Sizilien (32–34). Die im ersten Buch geschilderten Vorgänge gehören strenggenommen nicht zum eigentlichen Repetundenprozeß. Cicero folgte der üblichen Gerichtspraxis, wenn er die Aufmerksamkeit der Geschworenen und der Zuhörer auf das Vorleben des Angeklagten lenkte. Er hatte es auch in der Verhandlung, die der einleitenden *Ersten Rede* folgte, berücksichtigt (Vgl. 2,1,51 f. 71. 80. 83 u. a.). Abschließend eine kurze Übersicht über den Aufbau des Ersten Buches der *Zweiten Rede*:
Es beginnt mit einer Einleitung (1–32), die bei dem Leser den Eindruck hervorrufen soll, daß es sich bei der *Zweiten Rede* um eine wirklich gehaltene Prozeßrede handelt: Verres ist wider Erwarten zur zweiten Verhandlung erschienen; er ist schuldig; ein Freispruch hätte schlimme Folgen für den Staat und die senatorischen Gerichte; er würde Cicero zwingen, Verres vor ein Volksgericht zu bringen. Cicero gibt dann einen Rückblick auf den bisherigen Prozeßverlauf und rechtfertigt seine Taktik. Der Hauptteil behandelt verhältnismäßig kurz die Quästur (34–43): die Unterschlagung der ihm angewiesenen Gelder, den Verrat an seinem Vorgesetzten, dem Konsul Carbo, und seinen opportunistischen Parteiwechsel. Den größten Teil des Buches nehmen die fast gleich langen Partien ein, die 1. die Legatenstelle und die Proquästur in Kilikien (44–102) und 2. die Stadtprätur (103–158) behandeln. 1: Brutales Vorgehen und Diebstahl in Achaia (44–45), mißglückter Kunstraub auf Delos (46–48), Kunstdiebstähle in Asien und Würdigung von Verres' Verhalten (49–61), der Skandal von Lampsakos und Ciceros Stellungnahme dazu (62–85), Raub und Verkauf eines milesischen Schiffes (86–90), Unterschlagung des Malleolus-Erbes (90–94), Diebstahl und Erpressungen in Asien, die Verres zu verschleiern sucht (95–102). 2: Verres mißbraucht die Zivilrechtsprechungsgewalt zur eigenen Bereicherung: er ändert Rechtsprechungsbestimmungen in seinem Edikt in Erbschaftssachen (Annius-Affäre, Minucius-Affäre) und verkauft Rechtsent-

scheidungen, vor allem in Erbschaftssachen (104–127). Er erpreßt in der Ausübung der Bauaufsicht über den Kastor-Tempel eine große Geldsumme: Junius-Affäre (128–154). Auch einen Strafprozeß leitet Verres, bei dem er sich bereichert (155–157), und er fälscht die Richterliste anläßlich der Richterergänzung bei der Geschworenenbank des Junius (157–158).